MARTIN LUTHERS LETZTER WILLE

Tibor Fabiny

MARTIN LUTHERS LETZTER WILLE

DAS TESTAMENT DES REFORMATORS UND SEINE GESCHICHTE

CORVINA KIADÓ

AUS DEM UNGARISCHEN ÜBERTRAGEN
VON PETRA SZABÓ

Für die freundliche Überlassung der
Abbildungen danken wir folgenden Stellen:

Deutsche Fotothek, Dresden: 3, 4, 12, 15, 23, 24, 25, 29
Deutsche Staatsbibliothek, Berlin: 20
Lutherhalle, Wittenberg:
5, 6, 7, 8, 9, 10, 11, 13, 14, 16, 17, 18, 19, 21, 22, 26, 27, 28, 30, 31,
33, 34, 35, 36, 37, 38
Zsuzsa Erdőkürti von Történelmi Képcsarnok
(Historische Bildergalerie, Budapest): 32
Universitätsbibliothek der Karl-Marx-Universität, Leipzig: 2
Auf dem Umschlag:
Martin Luther (Lucas Cranach d. Ä.),
Heidelberg, Kurpfälzisches Museum

Gestaltung: Ferenc Barabás

ISBN 963 13 1550 9
Vertrieb nur in der Ungarischen Volksrepublik
Gemeinschaftsausgabe mit dem Luther-Verlag, Bielefeld
und dem Union Verlag, Berlin

Inhalt

An Stelle eines Prologs

In dem heute bereits über fünfhundert Jahre alten Haus Andreaskirchplatz Nummer 7 zu Eisleben starb in der Nacht vom 17. zum 18. Februar 1546 Martin Luther. Erst einige Wochen zuvor hatte der großzügige Freund und Gönner Graf Albrecht VII. von Mansfeld ihm diesen hübschen einstöckigen Bau durch dessen Bewohner, den Stadtschreiber Johann Albrecht, zur Verfügung stellen lassen, damit er dort einen langwierigen Patronatsstreit seiner ehemaligen Landesherren, der Grafen von Mansfeld, zum Ausgleich führe. Die Verhandlungen wurden in einem geräumigen Zimmer dieses Hauses abgehalten und verliefen mit teilweisem Erfolg, so daß am 14. Februar sogar eine zeitweilige Versöhnung unter den Mansfelder Brüdern und Vettern zustande kam. Jenem Manne aber, der dies zuwege brachte, war währenddessen längst seine Gesundheit durch schleichende Krankheit, grimmige Winterkälte und reichliche Aufregung völlig untergraben worden.

In seiner Geburts- und Taufstadt verschied mit zweiundsechzig Jahren Eislebens größter Sohn, der Europas geistiges Antlitz umformte. Heute ist diese mit dem Familienwappen der Mansfelder Grafen geschmückte Stube pietätvoll mit einer Nachbildung des Sterbebettes ausgestattet, an der Wand darüber hängen die Bildnisse von Martin und Katharina Luther in Lebensgröße, Kopien nach Gemälden von Lucas Cranach d. Ä.

In seinen letzten Stunden waren außer dem Grafen Albrecht von Mansfeld und seiner Gemahlin Anna, dem Grafen Johann Heinrich und der Gräfin Margareta von Schwarzburg-Leutenberg, dem Ehepaar Albrecht sowie den beiden Assistenten Luthers, Johann Aurifaber und Ambrosius Rudtfeld, auch der Mansfelder Hofprediger Michael Coelius, der Hallenser Reformator Justus Jonas und zwei Ärzte bei ihm.

Am anderen Morgen fand man auf Luthers Schreibtisch einen Zettel mit folgender lateinischer Aufzeichnung liegen:[1]

„Den Vergil in seinen ‚Bucolica' kann niemand verstehen, er sei denn fünf Jahre Hirte gewesen.

Den Vergil in seinen ‚Georgica' kann niemand verstehen, er sei denn fünf Jahre Bauer gewesen.

Den Cicero in seinen Briefen kann niemand ganz verstehen, er habe sich denn zwanzig Jahre in einem bedeutenden Gemeinwesen bewegt.

Die Heilige Schrift meine niemand genugsam gekostet zu haben, er habe denn hundert Jahre lang mit den Propheten, wie Elia und Elisa, mit Johannes dem Täufer, Christus und den Aposteln die Gemeinden geleitet... Wir sind Bettler. Das ist wahr. 16. Februar, anno 1546."

Auf den 18. Februar – den Todestag Luthers – datiert, kam aus Wittenberg, nunmehr zu spät, Philipp Melanchthons letzter Brief an Luther, mit Neuigkeiten aus dem Leben des ungarischen Protestantismus, vermittelt von einem – wie es hieß – „standhaften und glaubenstreuen Mann".[2]

Mit gleicher Post und ebenfalls zu spät kam auch die in Wittenberg vergessene Heilsalbe, um die Luther erst am 14. Februar, keine vier Tage vor seinem Tode, die Daheimgebliebenen gebeten hatte.[3]

Jener „standhafte und glaubenstreue Mann" aber, dessen Mitteilungen Martin Luther nicht mehr zu Gesicht bekam, war ein früherer Student Melanchthons in Wittenberg und späterer Schuldirektor zu Eperjes,[4] Sigismund Torda aus Gyalu in Siebenbürgen. Torda wurde zwischen 1518 und 1520 in Gyalu geboren, ging in Gyulafehérvár (Karlsburg)[5] zur Schule, studierte einige Zeit in Krakau, dann vom Wintersemester 1539/40 an an der Wittenberger Universität, erlangte 1544 die Magisterwürde, kehrte 1545 heim nach Eperjes, trat in den Dienst des Vizepalatins Franz von Révay als Erzieher von dessen Söhnen, die er in späteren Jahren studienhalber einmal nach Padua begleiten sollte, um dort auch für sich noch einige Semester zusätzlich zu studieren, doch sowohl diese Reise nach Padua als auch danach die Tätigkeit als Schuldirektor in Eperjes fielen bereits in die Zeit nach Luthers Tod.

Zu der Zeit, als Martin Luther in Eisleben starb, wirkte Sigismund Torda gerade ein knappes Jahr in Eperjes. Mit zunehmender Regelmäßigkeit hatte er schon mehrfach Berichte über den Vorstoß der Türken und die Lage der Reformation in Ungarn an seinen ehemaligen Professor Melanchthon nach Wittenberg gesandt. Und so sehr Torda sich in jedem seiner früheren Briefe über das türkische „Joch" beklagte, meinte er in diesem letzten doch, daß unter den Türken „das Evangelium frei verkündet werde und sich weiträumiger Verbreitung erfreue", ja, daß es selbst im Osmanischen Reich „so manchen Prediger vom Worte Gottes und Tröster der Gefangenen"[6] gebe.

Melanchthon, der als Junge in der Person des Johannes Hungarus einen aus Ungarn stammenden Schullehrer hatte und dem das Schicksal Ungarns besonders am Herzen lag, wollte die gute Nachricht eilends an Luther weitergeben, um so mehr, als dieser schon mehrere Male über die Türkenfrage geschrieben hatte.

Als der Bote mit Melanchthons Sendung in Eisleben eintraf, war unter festlichem Ehrengeleit bereits ein Trauerzug mit der sterblichen Hülle des Reformators von der Eislebener Andreaskirche aus über Halle nach Wittenberg unterwegs.

Mit dem Ableben Martin Luthers war seine letztwillige Verfügung, die er zum Schutze seiner Frau Katharina noch 1542 getroffen und dann 1544 ergänzt hatte und die er, um sie unanfechtbar zu machen, auch in das Gerichtsbuch von Wittenberg eintragen ließ, in Kraft getreten.

Das von Luther eigenhändig aufgesetzte und durch die Unterschriften seiner Mitarbeiter Melanchthon, Cruciger[7] und Bugenhagen[8] beglaubigte Vermächtnis ist im Besitz der Evangelisch-Lutherischen Kirche in Ungarn und wird von dieser als ein kostbarer Schatz, als ein wesentliches kulturgeschichtliches Denkmal aus der Heimat der Reformation aufbewahrt, sorgsam behütet und im Evangelischen Landesmuseum in Budapest gezeigt. Die Umstände der Entstehung, der Inhalt und das fernere Schicksal dieser einmaligen Urkunde sind der Gegenstand dieses Buches, unseres Beitrags zum fünfhundertsten Geburtstag von Martin Luther.

Die Hochzeit zu Wittenberg

Wir wollen unsere Betrachtungen mit dem Jahr 1525 beginnen, das für die Geschichte Europas und auch für Luther persönlich einen Wendepunkt brachte. Es war dies ein Jahr, dessen Ereignisse heute immer noch die Nachwelt beschäftigen. Die zwölf Artikel der sich gegen ihre Ausbeutung und Unterdrückung erhebenden Bauernschaft in Schwaben, die Stellungnahme Luthers dazu, seine Flugschriften, die Enthauptung Thomas Münzers in Thüringen, die Niedermetzelung von etwa hunderttausend Bauern in Deutschland hatten die öffentliche Meinung ganz Europas aufgewühlt.

Und da sollte noch etwas geschehen, wodurch das Jahr 1525 für das mittlere Gebiet des Römischen Reichs Deutscher Nation zur Schicksalswende wurde: Friedrich der Weise, Kurfürst von Sachsen, verschied. Der Gründer der Universität zu Wittenberg, ein vormaliger Kaiserkandidat des Papstes, hatte früh schon die geistige Größe Luthers erkannt und der Reformation den Freiraum geschaffen, in dem diese gedeihen konnte. Sieben Jahre hindurch, bis zu seinem Tode, half er die Reformation als deren erster Schutzherr zu verbreiten.

Um so überraschender wirkte vor einem so düsteren Hintergrund aus nationalen Leiden und dynastischer Trauer ein drittes Ereignis desselben Jahres: der Klosterbruder Martin Luther hat geheiratet.

Volle zwei Jahrzehnte waren verflossen, seit der Einundzwanzigjährige das Erfurter Augustinerkloster als dessen Novizenkandidat betrat. Die Eltern[9] waren über diesen Eintritt ins Kloster tiefbetrübt und blieben es bis in die Jahre nach 1517, in denen Luther, der sich um seiner Überzeugung willen selbst Papst und Kaiser widersetzt hatte, zu allgemeinem Ruhm gelangte.

Luther hatte im Oktober 1524 zwar die Mönchskutte für immer abgelegt, doch seine Klostergelübde nach wie vor gehalten, weshalb die Welt auf seinen Schritt zur Ehe – so folgerichtig er erscheinen mußte – nicht gefaßt war.

Nichtsdestoweniger pries er seit Jahren schon in Predigten sowie sechs eigens über Ehe, Familienleben, Priesterzölibat und Mönchsgelübde veröffentlichten Schriften den Ehestand als einen auch im religiösen Sinne höchsten Stand auf Erden.

Ungeheuere Schuld gab Luther schon 1520 in seiner Schrift „An den christlichen Adel deutscher Nation" dem römischen Stuhl, welcher durch das den Priestern auferlegte Eheverbot diese in die sittliche Zerrüttung eines allgemein verbreiteten Konkubinats gestürzt habe. Es müsse, schrieb hier Luther, durch ein Konzil aufs neue „nachgelassen werden die Freiheit, ehelich zu werden"; bis dahin jedoch riet er jungen Priesterkandidaten, bei ihrer Weihe zunächst kein Gelübde zur Ehelosigkeit zu leisten.

Waren da nicht Anlässe genug für jemanden, der sich mit der zwangsmäßig verordneten sowie der verfrüht angelobten Ehelosigkeit auseinandersetzte und für die Heiligkeit der Ehe Argument auf Argument zu häufen wußte, diesem hochgepriesenen Stand nun auch selber beizutreten? Wollte er denn nicht heiraten?

1521 gewiß noch nicht, denn in einem Rückblick auf den Reichstag zu Worms erklärte er später einmal, er würde wohl jemanden, der da die Vermutung gewagt hätte, daß er in ein paar Jahren Ehemann, ja gar Familienvater werden sollte, verlacht haben. Im gleichen Jahr schrieb er von der Wartburg aus an Spalatin:[10] „Guter Gott, unsere Wittenberger werden auch noch den Mönchen Eheweiber geben, aber mir werden sie keines aufdrängen." Und sechseinhalb Monate vor seiner Trauung heißt es in einem Bescheid an Spalatin immer noch: „. . . wie mein Herz bisher gestanden und jetzt steht, wird es nicht geschehen, daß ich ein Weib nehme; nicht als ob ich mein Fleisch und Geschlecht nicht spürte, da ich weder Holz noch Stein bin; aber mein Sinn ist fern vom Heiraten, da ich täglich den Tod und die wohlverdiente Strafe eines Ketzers erwarte. Darum will ich weder Gott ein Ziel setzen in dem, was er mit mir tun will, noch in meinem Herzen mich fest machen; ich hoffe aber, er wird mich nicht lange mehr leben lassen."[11]

Nun sieht man aber bald, wie sich eben diese Todeserwartung aus einem Hinderungsgrund in einen Beweggrund verwandelt und der Ehemann Martin Luther nach und nach so manche ungeahnte, für einen Geistlichen besonders wertvolle Vorteile der Ehe entdeckt. War früher das Kloster die geeignetste Stätte für den Dienst, der ihm vom Herrn aufgetragen wurde, ist es fortan die Familie. Dieser Abschnitt seines Lebens bringt Luther die neue Erkenntnis, daß man sich in gewissen Tugenden wie Opferbereitschaft, Verzicht, Verzeihung und Versöhnung überhaupt erst in der Ehe üben könne.

Schauen wir uns jetzt aber zunächst nach der künftigen Gattin um.

1509 wurde in das Zisterzienserinnenkloster Nimbschen bei Grimma – heute Ruine – eine zehnjährige kleine Novizin gebracht. Sie hieß Katharina von Bora und war die Tochter verarmter Edelleute. Gewissen Autoren zufolge soll sie schon mit fünf Jahren in eine Klosterschule, nämlich in die der Benediktinerinnen zu Brehna bei Bitterfeld, gekommen sein. Zu der Zeit, als Katharina 1513 eingesegnet wurde, lebten im Kloster Nimbschen insgesamt dreiundvierzig Nonnen; eine von ihnen war Katharinas Tante und vormalige „Siechenmeisterin" des Klosters.

Auch Nimbschen geriet Anfang der zwanziger Jahre durch Luthers Schriften, die sich wie ein Lauffeuer übers ganze Land verbreiteten, in Aufruhr, um so mehr, als zu dieser Zeit die Gemeinde einen der Reformation – und zwar deren radikaler Linie – angehörenden Pfarrer hatte. Den meisten Anklang in Mönchs- und Nonnenkreisen fanden freilich eine lateinische Schrift „Über die Gelübde der Mönche" (1521)[12], ein Sermon „Vom ehelichen Leben" (1522) und dann, bereits 1523, das wie eine Bombe einschlagende Sendschreiben „Ursach und Antwort, daß Jungfrauen Klöster göttlich verlassen mögen".

Mit Hilfe dreier Torgauer Bürger, von denen einer ein Freund des Pfarrers Zwilling,[13] der Ratsherr Leonhard Koppe, war, entwichen am Karsamstag, dem 4. April 1523, aus dem Zisterzienserinnenkloster Nimbschen zwölf Nonnen. Leonhard Koppe war der Lebensmittellieferant des Klosters. Seine Fuhrwerke fuhren im Kloster ein und aus, so daß es nicht weiter auffiel, als er zum verabredeten Zeitpunkt mit einem zugedeckten Wagen bei Nimbschen hielt und wartete, bis sich die zwölf Jungfrauen unter der Wagenplane versteckten und er mit ihnen über Torgau nach Wittenberg losfahren konnte.[14]

Drei der zwölf Entwichenen, die von kursächsischen Verwandten aufgenommen wurden, fuhren nur bis Torgau mit. Die übrigen neun hatten ihr Zuhause im anderen Sachsen, wo der der lutherischen Reformation feindselig gesinnte Herzog Georg regierte. Somit sollten sie im freundlicheren Wittenberg untergebracht werden.

Allerdings schien diese „Nonnenentführung“ abenteuerlich genug, um selbst in einer Hochburg der Reformation wie Wittenberg einige Überraschung hervorzurufen. Doch die Notabilitäten der Stadt, die sich im Amt des Bürgermeisters abwechselten, standen auf Luthers Seite, das wußte er, und mit der Unterstützung seines Kurfürsten, Friedrichs des Weisen, durfte er ja ebenfalls rechnen, auch wenn sich dieser öfter und lieber zu Lochau als in Wittenberg aufhielt.

Im Bürgermeisterstuhl saß derzeit niemand anders als Lucas Cranach d. Ä., einer der berühmtesten Maler seiner Zeit. Er war es, der sich von Anfang an der damals vierundzwanzigjährigen Katharina von Bora mit väterlicher Fürsorge annahm.

Meister Lucas und Frau Barbara Cranach verschafften ihrem Schützling ein gutes Unterkommen beim gerade eingesetzten Stadtschreiber und künftigen Bürgermeister, Magister Philipp Reichenbach, der mit seiner Familie in der Bürgermeisterstraße hinter der Stadtkirche wohnte. Das Reichenbachsche Haus lag einige Minuten entfernt vom Cranachschen, wo Katharina den größten Teil ihrer Zeit verbrachte und sich als eine tüchtige Hilfe beim Empfangen und Bedienen der Gäste in der Weinschenke Cranachs erwies.

Häufig war sie auch bei Luther zu Gast in dessen Domizil im Schwarzen Kloster, ließ sich doch dieser das Los der neun in Wittenberg gelandeten „Klosterjungfrauen“ als erster angelegen sein, sowie im Hause Melanchthons und seiner Ehefrau Katharina. Hier bei Melanchthons lernte Katharina von Bora einen jungen Nürnberger Patrizier kennen, welcher kurz zuvor sein Studium an der Universität Wittenberg absolviert hatte und nun als ein Freund der Reformatoren wieder einige Zeit in der Stadt verweilte. Zwischen den beiden entstand eine gegenseitige zärtliche Zuneigung, die jedoch den jungen Gelehrten Hieronymus Baumgartner nicht davon abhielt, noch 1524 ledig nach Nürnberg heimzukehren und im darauffolgenden Januar ein Mädchen aus reicher Familie zu heiraten.

Luther wußte von Katharinas Kummer und meinte ihr am besten helfen zu können, indem er sie verehelichte. So schlug er ihr einen Pfarrer aus dem Freundeskreis zur Ehe vor. Wie gesagt, hatte er für seine Person damals noch nichts dergleichen im Sinn. Denn, bekennt er in einer Tischrede 14 Jahre später, hätte er 1524 heiraten wollen, würde er längst schon die hübsche Ave von Schönfeld, eine der von Nimbschen entführten Nonnen, die ihm nicht abgeneigt war, zur Frau genommen haben oder Ave Alemann, die ihm damals wohl der Magdeburger Pfarrer, Nikolaus von Amsdorf, empfahl.[15]

Indessen brachte der Frühlingsanfang 1525 eine jähe Wendung: Katharina beschwerte sich bei dem derzeit gerade in Wittenberg verweilenden Amsdorf über Luther, der sie gegen ihre Neigung verheiraten wollte, gab aber auch zu verstehen, daß Heiraten ihr ansonsten keineswegs zuwider sei und daß, wenn ein Mann wie etwa Luther oder Amsdorf um ihre Hand anhielt, sie jenem gewiß ihr Jawort nicht verweigern würde. Amsdorf, ein eingefleischter Junggeselle, überbrachte Luther das ihm anvertraute Geheimnis. Zu dieser Zeit trug sich Luther bereits mit dem Gedanken zu heiraten, doch an Katharina von Bora hätte er in diesem Zusammenhang ohne Amsdorfs Botschaft wohl nie gedacht, hielt er das Mädchen doch im Grunde seines Herzens für hoffärtig, dies allerdings zu Unrecht, wie er in seinen Tischreden später selbst bekannte. Nun wollte er sich anschicken, doch noch „dem Teufel zu trotzen", weshalb er sich immer häufiger sowohl im Cranachschen Haus als auch im Reichenbachschen sehen ließ.

Die Wittenberger aber wußten sich sehr bald einen Vers darauf zu machen, was es mit diesen häufigen Besuchen des Herrn Doktor Martini auf sich hatte. Es kamen allerlei böser Klatsch, allerlei verleumderisches Gemunkel in Umlauf, selbst unter den Professoren und Studenten der Universität. Aufs eindringlichste wurde nun Luther von seinem nächsten Mitarbeiter und stets besten Freund Melanchthon gewarnt, der in seinem Entsetzen über so viel üble Nachreden schon die gesamten reformatorischen Errungenschaften der letzten sieben Jahre in Trümmern liegen sah.

Luther mied nunmehr wochenlang den Umgang mit seinem Freund, um sich nicht weiter auf Erörterungen einlassen zu müssen. Am 13. Juni 1525, dem Dienstag nach dem Dreieinigkeitsfest, entschloß er sich kurz, Katharina von Bora zu freien.[16]

Was aber mochte ihn dazu bewogen haben, diesen schon an und für sich und dann wegen seiner Plötzlichkeit erst recht überraschenden Schritt zu tun? Soll man denn unter den Gründen, durch welche zu einer Zeit, da das Blut deutscher Bauern in Strömen floß, ein Augustinermönch und eine Zisterziensernonne sich zur Ehe bestimmen ließen, nicht doch auch tiefere suchen dürfen?

Wollen wir auf diese Fragen eine möglichst differenzierte Antwort erhalten, so empfiehlt es sich, erst rasch einen Blick auf den chronologischen und kirchenrechtlichen Hintergrund der Dinge zu werfen.

Eine Hochzeit nach damaligem Brauch ging in zwei Stufen vor sich. In der ersten fand das mit einer kurzen Zeremonie verbundene Beilager – copula carnalis – statt, dem eine mündliche Vereinbarung – consensus – der Partner vorauszugehen hatte. Hier genügten auch Zivilleute als Zeugen, ja selbst der im deutschen Sprachgebrauch „Fürsprecher" genannte Sachwalter – fungens – brauchte nicht unbedingt ein Geistlicher zu sein. Der „Fungent" erklärte Braut und Bräutigam aufgrund der von ihnen gegebenen Jaworte zu Ehegatten. Hernach wurde das Paar von den Zeugen auf ein symbolisch hergerichtetes Hochzeitslager gebettet – daher der Ausdruck „Beilager" – und hiemit der Ehevollzug bestätigt.

Dementsprechend forderte Luther seinen Freund und Mitarbeiter Johann Bugenhagen aus Pommern, Doktor der Theologie und Pfarrer der Stadtkirche, auf, die für den Abend des 13. Juni festgesetzte Trauung zu verrichten. Zeugen waren Justus Jonas, sein Kollege an der Universität und Propst des Allerheiligenstiftes, Johann Apel, Professor des kanonischen Rechts und ehemaliger Kanonikus von Würzburg, der sich ebenfalls eine Nonne zur Ehe genommen und dafür 1523 drei Monate im Gefängnis des Bischofs zu Bamberg abgebüßt hatte, sowie das Ehepaar Cranach.

Die Formulierung des Ehekontraktes übernahm Professor Johann Apel. Die Trauung fand im Schwarzen Kloster statt; nachdem es der letzte Wittenberger Augustinermönch, Prior Eberhard Brisger, geräumt hatte, wurde es Luther von Friedrich dem Weisen zur Verfügung gestellt.

Es gibt drei verschiedene zeitgenössische authentische Quellen, in denen dieses Ereignis nachzulesen ist, und zwar die Berichte Spalatins und Bugenhagens sowie einen von Melanchthon voller Bestürzung und Besorgnis an seinen Freund Camerarius[17] geschriebenen Brief.

Nun stand aber der zweite Hochzeitsakt noch bevor, nämlich das Brautfest, das den Eherechtsbestimmungen des 16. Jahrhunderts gemäß entweder gleich am andern Morgen oder aber in den allernächsten Tagen auf das Beilager zu folgen hatte. Auch dieser Akt war – bis zum Tridentinum – nicht offiziell kirchenamtlich, vielmehr eine Frühmesse, in der die Brautleute im Beisein ihrer Freunde und Verwandten öffentlich den Segen des Gemeindepfarrers für ihre Ehe erhielten.

Da nun Luther allzu plötzlich in seinem Heiratsentschluß gewesen war, um Eltern und Angehörige noch rechtzeitig verständigen zu können, wurde dieser zweite Hochzeitsakt in seinem Falle erst am 27. Juni, ebenfalls einem Dienstag, vierzehn Tage nach dem Beilager, vollzogen. Außer den Eltern und nächsten Anverwandten lud Luther auch einige Freunde zu seinem Brautfest, zu allererst den kurfürstlichen Schreiber Spalatin, den Magdeburger Pfarrer Amsdorf und den Torgauer Nonnenentführer Leonhard Koppe.

Die Wittenberger Universität verehrte dem jungen Paar trotz mißbilligenden Kopfschüttelns der Mehrzahl ihrer Professoren einen prächtigen silbernen Becher zum Brautgeschenk, der heute noch in Greifswald aufbewahrt wird. Der Rat ließ den Neuvermählten für ihr Hochzeitsmahl einen edlen Wein und für ihren Haushalt ein Faß Eimbecker Bier sowie zwanzig Gulden in Silbermünzen zukommen.

Höchst überraschend kamen zwanzig Goldgulden, mit denen Albrecht von Brandenburg, Erzbischof von Magdeburg, Erzbischof und Kurfürst von Mainz, einen Boten, den mansfeldischen Rat und Lutherfreund Johann Rühel, in das Schwarze Kloster sandte. Albrecht von Brandenburg war in seiner Eigenschaft als Mainzer Kurfürst Pächter und Nutznießer des von Luther seit 1517 bekämpften Ablaßhandels, den er in seiner Eigenschaft als Mainzer Erzbischof betrieb. Nichts kann daher verständlicher sein, als daß Luther die Gulden ausschlug; noch verständlicher aber ist Katharinas Entschluß, dieselben Gulden auf Rühels Überredung hin an sich zu nehmen.

Wie hat indessen Luthers Umwelt auf seine Hochzeit reagiert?

Die meisten der ihm Nahestehenden feierten mit und waren froh darüber, daß der Reformator, wiewohl er sonst „mit Brief und Worten lehret", nun seine Lehre auch besiegelte mit reformatorisch kühner Tat. Melanchthon schien, wie man obigem Brief an Camerarius entnimmt, einstweilen etwas gekränkt, doch mehr noch besorgt, und meinte, die Vermählung schade Luthers Ansehen, und dies zu einer Zeit, da Deutschland seiner ganzen Kraft bedurft hätte, ferner, daß ein so „edler, hochgesinnter" Mann wie Luther nie so unüberlegt gehandelt hätte (und schon gar nicht, ohne sich erst mit seinen Freunden zu beraten), es sei denn, seine Frau Katharina habe ihn dazu genötigt. Mit den Wittenberger Lästermäulern um die Wette munkelte – allerdings nicht ohne hinterher zu widerrufen – Erasmus von Rotterdam, bevorstehender Kindersegen habe Luther so plötzlich zur Heirat gedrängt.

Wie eingangs schon erwähnt, gibt es hier einen politischen Punkt, den man nur zu gerne außer acht läßt, und – mit diesem politischen verwachsen – gleich auch einen theologischen. Gar manches spricht dafür, daß Luther, seit Jahren schon in Acht und Bann, ernstlich damit rechnete, verhaftet zu werden und den Märtyrertod zu sterben, zumal da auf dem Nürnberger Reichstag vom April 1524 wieder einmal die Anwendung des Ketzergesetzes zur Debatte gestanden hatte.

Noch lebte er, doch es drängte die Zeit, sollte er noch „die Engel lachen und die Dämonen plärren machen" können, wie es in einem Brief vom 16. Juni an Spalatin heißt: „Tu interim nobis benedicte et bene precare! Sic me vilem et contemptum his nuptiis feci, vt angelos ridere et omnes demones flere sperem."[18]

Zehn Tage vor seinem Beilager schrieb Luther an Rühel: „. . .nachdem ich doch sonst im Sinne bin, ehe ich aus diesem Leben scheide, mich in dem Ehestande finden zu lassen, welchen ich von Gott gefordert achte, und sollt's nicht weiter denn eine verlobte Josephsehe sein."[19]

Und zwei Tage nach dem Beilager ebenfalls nach Mansfeld: „. . .Nun sind Herren, Pfaffen, Bauern, alles wider mich, und dräuen mir den Tod. Wohlan, weil sie denn toll und töricht sind, will ich mich auch schicken, daß ich fur meinem Ende im Stande von Gott erschaffen gefunden und nichts meines vorigen papistischen Lebens an mir behalten werde, so viel ich kann, und sie noch toller und töricher machen, und das alles zur Letze und Ade."[20]

Ja, es kam auf den Ehestand an, auf die durch Beispiel lehrende Tat als Bestätigung einer festen Überzeugung. Nicht sterben, ohne den gottgeforderten Zustand eingegangen zu sein! Würde ihm in der Spanne zwischen Beilager und Brautfest etwas zustoßen, bliebe dieser Zustand eine „verlobte Josephsehe" – doch das war wahrlich nicht sein Ziel! Wenn er als Reformator schon heiratete, dann nahm er sich als Mann eine Frau, die ihm gefiel und die zur Ehe taugte. Die Frau hieß Katharina von Bora und war Luthers „Feinden zu Trotz eine Nonne".

Armut und Reichtum

Auf der unter großem Aufsehen gefeierten Hochzeit eines „abgefallenen Mönchs" und einer „entflohenen Klosterfrau" zu Wittenberg waren auch die uns von Gemälden Lucas Cranachs d. Ä. her vertrauten Eltern des Bräutigams zugegen. Hans, der Vater, ein Bauernsohn aus Möhra, und die aus der Gegend von Eisenach stammende Mutter Margaretha schenkten in den letzten zwei Jahrzehnten des 15. Jahrhunderts acht Kindern das Leben, von denen sie die meisten jedoch schon früh begraben mußten.

Bekanntlich zürnte Hans Luther dem Sohne wegen dessen Klostereintritts ernsthaft. Er lebte seit längerer Zeit in Mansfeld, 1520 war er bereits Ratsherr und Hausbesitzer und starb daselbst Ende Mai 1530, in den ersten Tagen des denkwürdigen Augsburger Reichstags.

Frau Margaretha überlebte ihren Gatten um ein Jahr. Im Sommer 1531 verschied sie zu Eisleben.

Martin Luther wurden aus seiner Ehe mit Katharina von Bora sechs Kinder, drei Jungen und drei Mädchen, geboren. Von diesen letzteren starb eines im Säuglingsalter, ein anderes mit 13 Jahren. Der erstgeborene Johann erblickte am 7. Juni 1526 zu Wittenberg das Licht der Welt und starb 1575 in Königsberg als Hofrat mit 49 Jahren. Nach dem Tode seines Vaters heiratete er 1553 Elisabeth Cruciger, die Tochter des Lutherfreundes und Mitarbeiters.

Das zweite Kind, Elisabeth, geboren 1527, lebte knapp acht Monate. Ihr folgte Magdalena 1529 auf die Welt und 1542 in den Tod. Luthers Gespräche, die er mit „Lenchen" an ihrem Sterbebett sitzend führte, die Gebete, die er auf Knien liegend für sie sprach und die uns in seinen Briefen überliefert sind, lassen sich nicht ohne tiefste Erschütterung lesen.

Am 7. November 1531 wurde Martin Luther der Jüngere geboren. Er studierte zwar Theologie, trat aber kein kirchliches Amt an, sondern lebte, da er kränklich war, als privatisierender Ehemann der Bürgermeisterstochter Anna Heilinger in Wittenberg, wo er 1565 kinderlos verstarb.

Von allen Lutherkindern erreichte Paul das höchste Alter. Geboren 1533, studierte er Medizin und wirkte anfangs am Gothaischen Hof, später bei Kurfürst Joachim II. von Brandenburg, zuletzt in Dresden als angesehener fürstlicher Leibarzt und verschied 1593 in Leipzig. Eines seiner sechs Kinder, ein Sohn, folgte dem Großvater und wurde Geistlicher: Johann Ernst (1560–1637) wirkte als Propst des Zeitzer Domkapitels.

Das jüngste Kind Martin und Katharina Luthers war die Tochter Margarete, die am 17. Dezember 1534 geboren wurde und als Gemahlin des preußischen Edelmannes Georg von Kunheim mit 35 Jahren 1570 in Mühlhausen (Preußen) entschlief.

Luther rühmte sich im Kreise seiner wachsenden Familie, ein glücklicher und reicher Mann zu sein. Noch war ihm Paulchen nicht geboren, als er einmal bei Tisch diese Worte der Zufriedenheit sprach: „Ich laß mir genügen, ich hab drei eheliche Kinder, die kein papistischer Theolog hat, und die drei Kinder sind drei Königreiche, die ich erblicher habe denn Ferdinandus Ungarn, Böhmen und das römische Königreich.“[21]

Allein mit seinen Kindern sind noch lange nicht alle Familienmitglieder aufgezählt. Außer Muhme Lene, der aus dem Kloster geflohenen Tante Katharinas, gehörte eine Schar von Nichten, Großnichten und Neffen usw. zu diesem so umfangreichen Hausstand, die alle versorgt, verheiratet oder fürs eigene selbständige Leben vorbereitet werden wollten, um von den zahlreichen Kostgängern, jüngeren wie älteren Studenten, ganz zu schweigen; einer von ihnen war ein hervorragender Mann der ersten Reformatorengeneration in Ungarn, der junge Matthias Dévai.

Ein ebenfalls an der Reformation in Ungarn mitwirkender Österreicher, nämlich Konrad Cordatus aus Buda, war es, der 1531 Luthers Tischreden aufzuzeichnen begann, in denen vielleicht das meiste davon zu lesen steht, was der Reformator zwanzig Jahre hindurch über seine liebe, treue Gemahlin und über seine Liebe zu ihr gesprochen hat.

So heißt es nach einem Jahr Ehe: „Ich wollt meine Kätha nit um Frankreich noch um Venedig dazu hergeben.“[22] ... Und nach zwölf Jahren: Es „ist mir, Gott Lob, wol geraten, denn ich habe ein fromm, getreu Weib, auf welche sich des Mannes Herz verlassen darf, wie Salomo sagt: ‚Sie verderbet mir nichts.‘ “[23]

Frau Käthe mußte freilich all ihre Zeit und Kraft aufwenden, um den durch Haus, Hof, Garten und einen gastfreien Haushalt ihren auferlegten Pflichten nachzukommen. „Salutat te mea Dominus Ketha, quae vectat, colit agros, pascit et emit pecora, braxat etc. Inter haec et Bibliam legere est aggressa sub pollicitatione 50 fl., si ante Pascha finierit; ist großer Ernst da. Iam librum quintum Moisi attingit."[24]

Ganze Seiten könnte man füllen mit jenen liebevoll neckenden, mitunter wortspielhaft treffend-spaßigen Kosenamen und Kosewörtern, die er als Anreden für seine Frau gebrauchte. So nennt er sie in Briefen aus der Ferne „Meine Käthe... Meine Kette... Meine Rippe... Meine Eva... Meine Herrin... Mein Herr und mein Moses Käthe... Meine herzliebe Hausfrau... Saumärkterin... Predigerin, Brauerin, Gärtnerin und was sie mehr sein kann... Mein Liebchen... Mein Morgenstern zu Wittenberg" und dergleichen mehr. Und es gab in der Tat keine tüchtigere Verwalterin über Haus und Gut als Katharina Luther. Sie ließ das Wohngebäude unterkellern, ließ Schweineställe bauen, verwandelte den früheren Klosterfriedhof in einen üppigen Gemüsegarten, pachtete einen Acker und bestellte ihn, kaufte ihrem Bruder das bei Kieritzsch zwischen Leipzig und Borna gelegene Landgut Zülsdorf ab, worauf wir noch zurückkommen werden.

Trotz eines scheinbar beträchtlichen Vermögens und der von allen Seiten her gekommenen Geschenke war die Familie Luther alles andere als reich. Auch war es dem Hausherrn wahrlich nicht um Gütersammeln zu tun. Denn „Reichtum ist das geringste Ding auf Erden und die allerkleinste Gabe, die Gott einem Menschen geben kann. – Wo groß Gut ist, da sind auch allerlei Sünden!"[25]

Wie wir unter anderem von Justus Jonas wissen, meinte Luther bereits nach einem schweren Schwächeanfall an einem Samstag im Juli 1527, er müsse nun sterben, so daß er, nachdem er gebeichtet und von Bugenhagen die Absolution empfangen hatte, sich den kleinen Hans an sein Bett bringen ließ, ihn segnete und sprach: „O, du guttes, armes kindlein! Nun, ich befehle mein allerliebste Kethe vnd dich meinem allerliebsten vnd frommen Gott. Ir habet nix. Du Gott aber, qui es pater pupillorum et iudex viduarum (der du ein Vater der Waisen und Richter der Witwen bist), wird euch wol verwahren vnd ernehren." Hernach verwies er seine Frau auf die einzige Erbschaft, die er ihr lassen könne, nämlich jenen silbernen Becher, und fügte hinzu: „Praeterea nosti nos nihil habere" (Du weißt, daß wir außerdem nichts haben).[26]

Und einige Zeit später: „Ich habe eine wunderliche Haushaltung; ich verzehre mehr, als ich einnehme. Ich muß jedes Jahr 500 fl. in die Haushaltung, in die Küche haben, zugeschwiegen der Kleider, andern Zierrath und Almosen, da doch mein jährlicher Besold sich nur auf 200 fl. beläuft..."[27]

Zur Vergegenwärtigung der Größe und der Kaufkraft einer solchen Summe sei hier einerseits erwähnt, daß Melanchthon mit seiner Professur zu Wittenberg 1518 erst 100, 1560 bereits 400 Gulden im Jahr verdiente, wobei andererseits in diesen Jahren eine Kuh für 3, ein Kalb oder eine Ziege für 2, ein Schwein für 1 Gulden zu kaufen war, und z. B. 525 Stück Bausteine ebenfalls einen Gulden kosteten. Das Wittenberger „Haus Bruno", von dem später noch die Rede sein wird, kaufte Luther für 450 Gulden.

Wie waren also die Vermögensverhältnisse, in denen Martin und Katharina Luther lebten?

Zur Zeit ihrer Eheschließung hatten sie beide kein Vermögen. Erste Wertobjekte des gemeinsamen Hauswesens waren die ihnen vom Wittenberger Rat und dem Kurfürsten von Sachsen gespendeten Hochzeitsgaben. Es folgten schwere Jahre: oft fehlte es sogar an Heizmaterial für das große Haus. Dieses – nämlich das frühere Schwarze Kloster – war der erste Besitz des Ehepaars Luther und wurde ihnen von Friedrich dem Weisen als Wohnung zugesprochen. Die Umschreibung auf Luthers Namen mußte in aller Stille vorgenommen werden, da auch die Stadt auf das Gebäude oder zumindest auf zunächst unbenutztes Zubehör Anspruch hatte. Luther erhielt die Behausung zu lebenslänglich steuerfreiem Gebrauch. Der Schenkungsvertrag wurde später auch von Friedrichs Bruder und Nachfolger Johann sowie dessen Sohn Johann Friedrich bestätigt. Jedesmal wurde auch die noch vom Anfang der Klosterzeit her auf dem Grundbesitz gelegene Bierbraugerechtigkeit für die üblichen zwölf Gebräue im Jahr neu erteilt.

Empört über diese Schenkung seines Vetters, schüttete nun Herzog Georg, der Erzfeind der von Luther ausgehenden Reformation, sogleich seine Wut in einem gleichsam ironischen Schreiben vom 28. Dezember 1525 gegen Luther aus, indem er diesem vorwarf, ein „Asylum" für entlaufene Mönche und Nonnen eingerichtet zu haben, die nun alle „Zuflucht, Aufenthalt" bei ihm hätten, „alse wär Wittenberg, höflich zu nennen, ein Ganerbenhaus aller

Abtrünnigen unser Landes". Und er sollte ja wenigstens zum Teil recht behalten, nicht nur, weil schon im Herbst 1525 tatsächlich weitere dreizehn entflohene Klosterjungfrauen bei Luthers untergekommen waren, sondern weil 1528 sogar eine leibliche Kusine Georgs, Herzogin Ursula von Münsterberg, aus dem Freiberger Magdalenenkloster nach Wittenberg floh und dort im selben Jahr eine Rechtfertigungsschrift an ihre „freundlichen Herren und Oheime", die Herzöge Heinrich und Georg von Sachsen, mit Luthers Nachwort erscheinen ließ.

Das ehedem „Schwarze Kloster", das uns als Lutherhaus (heute Lutherhalle) bekannte Wohngebäude, war zu der Zeit, als Luther es in Besitz nahm, erst zu zwei Dritteln ausgebaut und erforderte, um wohnlich zu werden, mancherlei Investitionen. Darüber sind wir durch Luthers eigenhändig ausgestellte Hausrechnung unterrichtet. Nach diesem aufschlußreichen Verzeichnis hat Luther bis nach Ostern 1542 insgesamt 1805 Gulden in Brauhaus, Braugeräte, Pferde-, Kuh- und Schweineställe, „Thorbuden", „Badstublin mit wanne", Keller, Stuben, Kammern, Schornstein, Treppe, Garten, Brunnen, Diele, Dach usw. verbaut.[28] Das zum Eingang dienende „Katharinenportal" ließ Frau Katharina Luther 1540 nebst zwei Sitzbänken rechts und links, mit dem Brustbild ihres Gemahls über der einen und der Rose seines Siegels über der anderen, aus Pirnaer Elbsandstein anfertigen.

Während Katharina mit ihrem zweiten Kinde schwanger war, ereignete sich am 6. Juli 1527 jener schwere Krankheitsanfall Luthers, bei dem dieser, wie bereits erwähnt, für immer Abschied von Weib und Kind glaubte nehmen zu müssen und ihnen deshalb – wie wir durch Bugenhagen wissen – folgendes Vermächtnis auftrug:

„Mein allerliebster Gott, ich danke Dir von Herzen, daß Du gewollt hast, daß ich auf Erden arm und ein Bettler bin. Ich habe weder Haus, Äcker noch Besitzungen, die ich zurücklasse. Du hast mir eine Frau und einen Sohn gegeben. Dir gebe ich sie wieder. Ernähre sie, lehre sie, erhalte sie, wie Du es bisher mit mir getan hast. O Vater der Waisen und Witwen."[29]

Die ersten Jahre nach der Hochzeit waren also vergangen, ohne daß sich Luther neue Besitztümer hätte erwerben können, außer dem ihm vom Kurfürsten Friedrich dem Weisen geschenkten Schwarzen Kloster. Dieses aber kam weder jetzt noch zehn beziehungsweise fünfzehn Jahre später als Testamentsgegenstand in

Frage, da in dem Schenkungsvertrag darüber für den Entäußerungsfall[30] dem jeweiligen Kurfürsten von Sachsen ein Vorkaufsrecht eingeräumt worden war, wodurch einerseits jene Bereitschaft des Schenkers Ausdruck fand, von dem Beschenkten das ihm unentgeltlich gelassene Gut gegen Entgelt wieder zurückzunehmen, andererseits der Besitz durch dritte Personen nicht in Betracht kommen konnte.

Erst viel später, im Jahre 1535, wurde Luthers Grundbesitz durch Ankauf eines kleinen Gartens (wohl des Hopfengartens) für 20, und eines größeren (wohl des Baumgartens) mit Brunnen (etwa „Bächlein", „Teichlein" oder Fischgehege) und Wirtschaftsgebäuden für 900 Gulden, ferner im Herbst eines Ackers mit anschließendem Garten für zweimal 90 Gulden vermehrt.

Und dann kaufte Luther schließlich 1540 seinem bedürftigen Schwager Hans von Bora das Landgut Zülsdorf (in älteren Urkunden als „Zollsdorf" notiert) um einen Preis von 610 Gulden ab – nachdem er ihm einen neuen und besseren Lebensunterhalt verschafft hatte, indem er ihn den Leipziger Benediktinerinnen zum Klosterverwalter empfahl –, damit das „Erbdächlein", immerhin eine Ehrensache der Familie, nicht an fremde Leute käme.

Außerdem brauchte Katharina Luther, derzeit Mutter von fünf Kindern und Anfang 1540 nach einer Fehlgeburt schwerkrank darniederliegend, dringend einen stillen Winkel, um sich dort nach ihrer Genesung vom Wittenberger kleinstädtischen Wirbel und Trubel zu erholen, sich ihr eigenes „Reich" gründen zu können, das als unversiegliche Quelle der Freude für ihr Leben gedacht war.

Im Sommer 1540 lautet Luthers Anschrift an seine Gemahlin bereits: „Meiner gnedigen Jungfer katherin lutherin von Bora vnd Zulsdorff zu Wittenbergk, meinem liebchen." Einen anderen Brief schrieb er, ebenfalls 1540, „Der Reichen frawen zu Zulsdorff, frawen Doctorin Katherin Lüdherin, zu Wittemberg leiblich wonhafftig, vnd zu Zulsdorff geistlich wandlend, meinem liebchen, zu Handen". An Spalatin ging in eben diesem Jahr die scherzhaft-stolze Meldung, daß man alles bekommen würde, was nötig sei, „ut reginam novam in regnum suum statuamus".[31]

Mit vollem Schwung stürzte sich die Genesende nun in die Arbeit, um die Wirtschaft zu Zülsdorf auf die Beine zu stellen.

In einigen Jahren wurde Zülsdorf tatsächlich zum zweiten Zuhause, zum wahren Zufluchtsort Martin und Katharina Luthers, um so mehr, als sie hier mit keinen bösartigen, mißgünstigen oder auch nur verständnislosen Menschen wie in Wittenberg herumzustreiten brauchten. So schreibt er an sie in einem Brief vom 28. Juli 1545: „Ich wolts gerne so machen. Das ich nicht durfft wider gen Wittenberg komen. Mein Hertz ist erkaltet, Das ich nicht gern mehr da bin, Wollt auch, das du verkaufftest garten vnd hufe, haus vnd hof, So wolt ich m. g. herrn das grosse Haus wider schenken, vnd were dein bestes, Das du dich gen Zulsdorff setzest, weil ich noch lebe, vnd kunde dir mit dem Solde wol helffen, das gutlin zu bessern."[32] Er will, als fühlte er, daß er nicht mehr lange zu leben habe, seine Witwe in Sicherheit wissen vor jenen „vier Elementen", die nach seinem Tode, worauf wir später noch zurückkommen, Katharina weder schonen noch sie zu Wittenberg dulden würden, und „darumb wäre es besser bei meinem Leben gethan, was denn zu thuen sein will". Demgemäß redet er zu ihr in allen seinen Briefen fortan, auch in den letzten aus Eisleben, als zu seiner „heiligen, sorgfältigen", seiner „herzlieben Hausfrauen Katharin Lutherin Doctorin Zulsdorfin zu Wittenberg", jedesmal Zülsdorf den Vorrang vor Wittenberg gebend.

Nun bleibt uns noch ein letztes Besitztum, das 1541 gekaufte „Haus Bruno", zu erwähnen. Die vor dem Kloster gelegene und seinerzeit von diesem angekaufte Baustätte zu diesem Haus bekam der letzte Wittenberger Augustinerprior, Eberhard Brisger, zu gleicher Zeit wie Luther das Kloster vom Kurfürsten geschenkt, um nach Verlassen des Klosters sich ein Haus bauen zu können, was er dann auch tat.

Er heiratete im Juli 1525 eine Wittenbergerin, was unter den Bürgern der Stadt ziemliches Aufsehen erregte, deshalb ging er – auf Luthers und des Kurfürsten Wunsch – noch im selben Jahr als Prediger nach Altenburg.

Das Haus stand über ein Jahr leer, bis Brisger es an Bruno Brauer vermietete und später ihm auch verkaufte. Luther kaufte das Haus 1541 von Bruno Brauer, da dieser es ihm aus Geldnot für 420 Gulden anbot, vermochte jedoch nicht mehr als 120 Gulden anzuzahlen. Der Rest wurde in zwölf Raten von je 25 Gulden geteilt, deren letzte bis 1554 entrichtet werden sollte.[33]

Was war das aber für ein Haus, und warum kaufte Luther es in einer finanziellen Lage wie der seinen?

Der heute nicht mehr vorhandene kleine Bau mutet auf dem einzigen erhaltenen Stich von ihm recht unscheinbar an, wogegen die innere Ausstattung des Hauses eine durchaus ansehnliche gewesen sein wird, denn der Kaufvertrag zählt unter anderem ein Badezimmer auf.[34]

Wie aus seinem zweiten, somit letzten Testament hervorgeht, hat Luther das „Haus Bruno" seinen künftigen Hinterbliebenen zugedacht, und die Gründe hierfür finden wir in einigen Briefen aus dieser Zeit von ihm dargelegt. Was nämlich das Klosteranwesen anbelangt, beklagte Luther einerseits die enormen Unkosten, die das verfallene und fortwährend ausbesserungsbedürftige „große Haus" ständig fordere und mit denen eine ohne Mann und Vater gebliebene Familie kaum fertig werden könne, andererseits befürchtete er aber, das Kloster könnte den Kriegsvorbereitungen zum Opfer fallen, indem es beim Wehrbau verschüttet würde, „darumb ich zuvor bedacht, meiner Kethen vnd kindlin den Nehesten raum dran, Brüns Haus, gekauft umb 400 vnd 20 fl. dasselbige zu bawen" – wie es in einem Brief vom 26. März 1542 an den Kurfürsten Johann Friedrich den Großmütigen heißt. Es wurde nämlich damals schon gemunkelt, der Kaiser mache Anstalten, gegen den Schmalkaldischen Bund zu Felde zu ziehen, und die wichtigeren Wittenberger Gebäude müßten befestigt oder gegebenenfalls dem Militär zur Verfügung gestellt werden.[35]

Der hier am 6. Januar 1542 sein Testament machte, um seine künftige Witwe und künftigen Halbwaisen vor Elend und Lebensnot zu schützen, war aus einfachsten thüringischen Bergmannsverhältnissen zum geistigen Vater von Millionen, zum Vertrauten und Berater von Fürsten emporgestiegen, hatte im Laufe seines Lebens ein ganzes Vermögen an Geldgaben und Wertgegenständen empfangen und teils an Bedürftige und Notleidende weitergeschenkt, teils für Studienzwecke seiner Freunde, Schüler und Verwandten angelegt oder aber im eigenen, doch aller Welt offenstehenden Haushalt verbraucht. Der hier sein Testament machte, war selbst als reicher Mann noch „billig im Register der Armen" geblieben.

Von Krankheiten heimgesucht

Man wird wohl von kaum einer der hervorragenden Persönlichkeiten der Kirchengeschichte so viele authentische Porträts in Form von Ölgemälden, Stichen oder Zeichnungen haben wie von Martin Luther. Und wollte man sich auf den äußeren Schein verlassen, würde man wohl aus diesen zum größten Teil von Lucas Cranach d. Ä. herrührenden Bildnissen, die uns den Reformator erst als schmächtigen Mönch mit eingefallenem Gesicht, dann immer mehr als stämmigen Mann mit Doppelkinn zeigen, auf eine geradezu robuste Gesundheit des Porträtierten schließen dürfen.

Doch hinter dem lebenskräftigen Aussehen lag mancherlei physische Schwäche, hinter einer unerhörten Leistungsfähigkeit ein nicht geringes Maß an Krankheiten verborgen. Was waren das aber für Krankheiten, unter denen er zu leiden, was für Anfechtungen, die er zu bestehen hatte? Welche Rolle spielten sie in seiner reformatorischen Tätigkeit und welche in seinem Familienleben?

Sozusagen als Vorboten der späteren schlimmen Steinleiden sind jene Störungen der Magentätigkeit und Nierenfunktion zu betrachten, die, wohl noch den Erfurter Klosterjahren zuzuschreiben, sich zuerst meldeten. Als einer, der es ernst meinte mit seinem Gelübde und somit entschlossen war, den Vorschriften der Ordensregel immer und unbedingt zu entsprechen, legte er sich harte Fasten auf, benutzte den bloßen Steinboden seiner feuchten Zelle zum Sitzen und zum Liegen und zog sich auf diese Weise mehrfach Erkältungen zu.

Dabei quälten ihn häufig oft wochenlang anhaltende heftige Kopfschmerzen, die meist mit Ohrensausen und Schwindelanfällen einhergingen, woran vor allem der hohe Blutdruck und angestrengte Geistesarbeit schuld gewesen sein mochten. Wenn dann noch eine Lichtempfindlichkeit der Augen hinzukam, war er manchmal viele Tage, ja Wochen am Lesen und Schreiben gehindert.

Im Jahre 1526 stellte sich sein Nierensteinleiden zum ersten Male ein.

Ein Geschwür, das er 1532 am linken Bein bekam, schien, solange es nicht zuheilte, gewissen anderen, kreislaufbedingten Übeln einigermaßen abzuhelfen, so daß man 1543, den Grundsätzen der zeitgenössischen Therapie gemäß, schließlich beschloß, das „böse" Bein, das heißt, den Salzfluß an diesem, fortan durch künstliche Mittel offenzuhalten.

Am schlimmsten zu leiden hatte er allerdings immer, wenn ihm außerhalb von Wittenberg sein Hausarzt fehlte, wie etwa 1521 auf der Wartburg, 1530 (während des Augsburger Reichstags) auf der Veste Coburg oder 1537 in Schmalkalden.

Allen leidenden Christen und für trostlose Stunden auch sich selber zugedacht, verfaßte Luther noch 1519 in lateinischer Sprache ein an seinen erkrankten Kurfürsten Friedrich den Weisen gerichtetes Trostschreiben. Der griechisch-lateinische Titel „*Tessaradecas consolatoria*"[36] ist eine Anspielung auf die 14 Nothelfer des katholischen Volksglaubens. Luther hat darin den sieben die sichtbaren weit übersteigenden unsichtbaren Übeln die sieben die sichtbaren weit übersteigenden unsichtbaren Güter gegenübergestellt, deren Vergegenwärtigung in ihrem gegenseitigen Verhältnis die leiblichen Übel ertragen helfen soll.

Selber tagtäglich auf Verhaftung wartend und bereit, den Feuertod zu sterben, stellte Luther sein *Geistliches Gesangbüchlein* (1524 erschienen) zusammen aus 24 teils eigenen, teils nachgedichteten Liedern für den evangelischen Gottesdienst, unter denen wir auch das bekannte mittelalterliche Klagelied „Mitten wir im Leben sind mit dem Tod umfangen" mit umgekehrtem Wortlaut wiederfinden: „Mitten in dem Tode wir im Leben stehn."

Über all seine Leiden verließ ihn aber sein heiteres Wesen, seine geradezu sprichwörtliche Fröhlichkeit nie. Sprach er von eigenen Beschwerden, würzte er seine Rede meist mit irgendwelcher spaßigen Bemerkung, mit irgendeinem Scherz, nicht zuletzt, um es seinen Gefährten leichter zu machen.

Auch die Tatkraft und die Schaffensfreude ließ er sich nicht nehmen: Selbst in den Tagen schwerster Krankheit blieb die Kontinuität seiner Arbeit bestehen. Ein eifriger Lutherforscher stellte einmal eine Art von Leistungsstatistik zusammen, in welcher er aus vier verschiedenen Jahren die durch Krankheit beschwerten Zeiten Luthers und die während dieser entstandenen Schriften von ihm auswies. Danach verfaßte Luther 1521, während er 7 Monate krank war, 30 Schriften, 100 Briefe und 70 Predigten; 1530 waren es bei 10 Monaten Krankheit 30 Schriften, 170 Briefe, 60 Predigten; 1536 bei 8 Monaten Krankheit 10 Schriften, 90 Briefe, 50 Predigten; 1545 bei 10 Monaten Krankheit 13 Schriften, 80 Briefe, 35 Predigten. Es scheint geradezu, als wäre ihm durch Leid nur noch der Wille gestählt und die Kampfbereitschaft gesteigert worden.

Für unseren Gegenstand ist vor allem Luthers schwere Krankheit in Schmalkalden von Bedeutung, die ihn an den Rand des Grabes brachte und dazu veranlaßte, seinen letzten Willen kundzutun.

Nach Schmalkalden war Luther im Februar 1537 zum Konvent des Schmalkaldischen Bundes gekommen, der über das Verhalten der Verbündeten gegen ein für Pfingsten einberufenes päpstliches Konzil zu entscheiden hatte und auf dem die von Luther auf Johann Friedrichs Wunsch zur Verhandlungsgrundlage der Protestanten für das Konzil abgefaßten sogenannten Schmalkaldischen Artikel diskutiert werden sollten. Als Zweck seines geplanten Konzils bezeichnete Papst Paul III. den Frieden der Kirche durch Ausrottung der Ketzerei. Auf die erste, 1536 erlassene Bulle folgte nicht viel später, im September, eine zweite, in welcher das, was durch das Konzil zu verdammen und ferner gänzlich auszurotten war, nicht einfach „die Ketzerei", sondern offen und eindeutig die „pestilenzialische Lutherische" Ketzerei hieß. Hierauf sah sich der Kurfürst von Sachsen genötigt, Luther die Glaubenssätze der evangelischen Lehre ähnlich wie sechs Jahre zuvor die Artikel des Augsburger Bekenntnisses unter Einbeziehung einiger seiner Mitarbeiter abfassen und sie den sodann einberufenen Schmalkaldischen Bundestag als Grundsätze für das Verhalten gegenüber dem Konzil und auf ihm beschließen zu lassen.

Anfang Januar 1537 war es dann soweit, daß Luther, wegen einer Nierenkrankheit bereits bettlägerig, seine Artikel fertiggestellt, mit Melanchthon, Bugenhagen, Cruciger, Jonas, Amsdorf, Agricola[37] und Spalatin durchgesprochen hatte und an Kurfürst Johann Friedrich weitergeben konnte.

Nun waren zum 7. Februar 1537 in Schmalkalden, wohin die meisten Stände ihre Theologen, manche sogar zwei oder mehr – wie Johann Friedrich, der mit Luther, Bugenhagen, Melanchthon und Spalatin anreiste – mitgebracht hatten, außer kriegerisch gestimmten Weltlichen auch an die 40 Gottesgelehrte versammelt. In den ersten Tagen gab es noch keine Konferenzen. Luther predigte, trotz seines Leidens, dreimal in der Stadt.

In der zweiten Februarhälfte erreichte Luthers Krankheit mit wiederholten Nierenkoliken, Harnverhaltung, Diarrhöe und Erbrechen ein kritisches Stadium. Die Ärzte, auch die besten, waren machtlos, denn in Schmalkalden gab es nicht einmal eine Apotheke.

Teils auf Luthers eigenen Wunsch, teils dem Rat der Freunde folgend, begab man sich am 26. Februar auf die Heimfahrt. Zwei Wagen wurden hierfür vom Kurfürsten zur Verfügung gestellt. Der erste, mit einem Bett ausgestattet, war für Luther und seine fünf Begleiter bestimmt, den Erfurter Arzt Doktor Georg Sturz, den Gothaer Pfarrer Friedrich Mykonius, den für den Kranken sorgenden Magister Johann Schlaginhaufen sowie Bugenhagen und Spalatin. Im zweiten Wagen hielt man eine Kupferpfanne mit warmem Essen auf einem Kohlenfeuer sowie allerlei zum Erwärmen des Kranken geeignete Geräte bereit.

Die erste Nacht, als man im thüringischen Tambach abstieg, brachte eine plötzliche, unverhoffte, wenngleich nur zeitweilige Besserung in Luthers Zustand: die seit mehr als acht Tagen verschlossene Blase gab ihre Öffnung frei. Noch in derselben Stunde dieser Erleichterung schrieb Luther an Melanchthon:

„Der Vater der Barmherzigkeit und Gott alles Trostes hat in dieser zweiten Stunde der Nacht Eurer Gebete und Tränen sich erbarmt und mir unversehens einen Gang eröffnet... ...Lasset doch aus diesem Exempel uns lernen, beten und wagen, auf Hilfe vom Himmel zu hoffen..."[38]

Und an seine „liebe Käte": „Danke Gott und laß die lieben Kindlin mit Muhmen Lenen dem rechten Vater danken; denn Ihr hättet diesen Vater gewißlich verloren... Gott hat Wunder an mir getan diese Nacht, und tut's noch durch frommer Leute Fürbitt."[39]

Doch auf dem Weg von Tambach nach Gotha bekam Luther wieder einen Nierenanfall, einen heftigeren denn je, so daß er nicht mehr lebendig in Gotha anzukommen glaubte und deshalb im rollenden Wagen Bugenhagen seinen letzten Willen mündlich kundtat. Dieses in der fieberhaften Spannung eines bevorstehenden päpstlichen Konzils diktierte sogenannte „erste Testament" Luthers hat Bugenhagen bei der Ankunft in Gotha für den Kurfürsten Johann Friedrich niedergeschrieben und mit folgender Überschrift versehen: „Confessio et testamentum venerandi patris nostri D. Lutheri."

Wovon handelt dieses „Bekenntnis und Vermächtnis" des damals Dreiundfünfzigjährigen?

Was gleich zum Anfang auffällt, ist, daß Luther gar nicht sein eigenes Lebensende im Sinn hat, sondern vielmehr das Schicksal der Kirche. Im ersten Satz erklärt er, keinen seiner Reformschritte bereut, ja, mit vollends gutem Gewissen das Papsttum „gestürmet" zu haben, da dieses in allen seinen Taten eine Lästerung Christi und des Evangeliums darstelle. Im zweiten entschuldigt er sich bei seinen nächsten Mitarbeitern – Melanchthon, Jonas, Cruciger – wegen eventueller Kränkungen, die er ihnen angetan haben könnte. In den folgenden vier Sätzen spricht er seiner Frau Trost zu, dankt, weil sie ihn nicht nur geliebt, ja auch wie eine Magd bedient habe, und befiehlt sie und die Kinder in Johann Friedrichs und der Freunde Obhut.

Charakteristisch für dieses Testament ist, daß in ihm – im Gegensatz zum späteren großen und letzten von 1542 – über die Familie nur die paar Zeilen stehen und es im übrigen ganz und gar dem Schicksal der Kirche, Luthers ewigem großem Thema, gewidmet bleibt. Er redet dem Kurfürsten von Sachsen und dem Landgrafen von Hessen zu, sich durch keinerlei Verleumdungen einschüchtern oder gar vom eingeschlagenen Weg abbringen zu lassen, auch wenn jene sie als Kirchenräuber verschrien, seien doch die Räuber eben die, die da schrien und die mit dem, was sie da raubten, Macht über den Glauben zu gewinnen suchten, sondern „in Gottes Namen getrost fürs Evangelium tun, was der heilige Geist ihnen eingibt; ich schreibe ihnen Weise und Maß nicht vor. Der barmherzige Gott wolle sie stärken, daß sie bei der reinen Lehre bleiben und ihm dafür danken, daß sie vom Antichrist erlöst sind."

Der Schlußgedanke dieses Testaments ist wieder nicht der Tod, sondern das Leben. Luther ist bereit zu sterben, wenn das Gottes Wille sei. Doch gerne würde er noch bis zu Pfingsten leben, da ja der Papst sein Konzil zu Pfingsten anberaumt hat, damit er bei dieser Gelegenheit „die römische Bestie und ihr Reich in öffentlicher Schrift noch härter vor aller Welt anklage".

Nach diesem unsanft anmutenden, militanten Satz schließt das von Bugenhagen aufgeschriebene und im Staatsarchiv zu Weimar aufbewahrte sogenannte erste Testament Luthers wie folgt:

„Post haec commendo animam meam manibus patris et Domini mei Iesu Christi, quem praedicavi et super terram confessus sum."[40]

Irreguläres Testament

Luther genas. Schon in Gotha besserte sich sein Zustand, nachdem er bereits gebeichtet und von Bugenhagen die Absolution empfangen hatte, am anderen Morgen plötzlich doch soweit, daß es ihm sogar möglich wurde, eine längere Unterredung mit Martin Bucer[41], der zu diesem Zweck nach Schmalkalden gekommen und ihm von da aus nach Gotha nachgereist war, nachzuholen. Allerdings rechnete er weiterhin mit seinem Tod und bat deshalb sogar den Gothaer Pfarrer und Superintendenten Mykonius um eine Grabstätte, bis er dann wohl am gleichen Tag, dem 1. März, noch sechs Steine, darunter einen angeblich bohnengroßen, verlor, wodurch auch er an die Nachhaltigkeit seiner Erleichterung zu glauben begann.

Nun konnte man getrost weiterfahren über Erfurt, Weimar, Altenburg und Grimma bis zurück nach Wittenberg, wo Luther, nachdem er unterwegs noch von zwei weiteren Steinen befreit wurde, am 14. März glücklich und in froher Stimmung eintraf. „Ich genese allmählich mit Gottes Hilfe und lerne wieder essen und trinken, obgleich mir die Beine, Kniee und Knochen noch wanken und meinen Leib bisher nicht recht tragen können . . ."[42] schrieb er acht Tage später an Spalatin. Dieser wiederum berichtete nach einem Wittenberger Besuch dem Kurfürsten, daß Luther wieder bei guter Gesundheit sei und „die Feder gegen die Bestie in Rom spitze".

Es folgten Jahre fortgesetzter harter Arbeit, in denen Luthers frühere Krankheiten sich nur verhältnismäßig selten meldeten, hingegen Werke von ihm in großer Zahl an die Öffentlichkeit kamen, so vor allem Predigten, Exegesen, eine Neubearbeitung des „Unterrichts der Visitatoren" (1538), Kirchenlieder und eine Hauptschrift, die er in dem sogenannten ersten Testament gleichsam versprochen hatte: „Von den Konziliis und Kirchen" (1539).

Das Jahr 1541 brach wieder mit einem zu allerlei Entzündungskrankheiten ausartenden heftigen Katarrh über ihn herein. Im Frühjahr bereits war er, gerade während des von Kaiser Karl V. einberufenen Regensburger Reichstages, bei dem ein Religionsgespräch zwischen den Papisten und den Protestanten auf der Tagesordnung stand, durch ein mit Kopfschmerzen und Schwindelanfällen einhergehendes Ohren- und Augenleiden dermaßen an der Arbeit gehindert, daß er selbst die ihm aus Regensburg von Melanchthon zugeschickten Berichte nicht in einem fort lesen konnte. Wochen vergingen, in denen er weder zu schreiben noch des Nachts Schlaf zu finden imstande war.

Wieder einmal schaute er dem Tod ins Auge. Dieser erneute Krankheitsanfall mochte Luther mit dazu bewogen haben, im darauffolgenden Januar sein großes, zweites Testament zu machen.

Seit Gotha, wo er weniger als fünf Jahre zuvor bereits einmal einen letzten Willen kundgetan, hatte sich, wie erwähnt, sein Besitz im Jahre 1540 um das Landgut Zülsdorf und 1541 um das Wittenberger „Haus Bruno" erweitert, von den beträchtlichen Anlagen in Acker-, Obst- und Gemüsebau, Fischgehege, Hausviehhaltung, Bienenzucht ganz zu schweigen.

Als er noch unbegütert war, bedeutete für Luther ein Testament machen, sich zuletzt noch einmal zum eigenen reformatorischen Lebenswerk bekennen. So handelte er 1537 in Gotha, ja sogar 1540 äußerte er im Zusammenhang mit Melanchthons Testament: „Ich weiß kein Testament zu stellen. Meine bucher sind vorhanden. Eos relinquo liberis meis; illi videant, ut non sint prudentiores patribus. Te Ketam constituo haeredem omnium. Tu gestasti liberos et mammam dedisti, non male rem geres liberorum. (Die hinterlasse ich meinen Kindern; mögen sie sehen, daß sie nicht klüger seien als ihre Väter. Dich, Käthe, setze ich zur Universalerbin ein. Du hast die Kinder getragen und ihnen die Brust gereicht. Du wirst ihre Sache nicht zu ihrem Nachteil führen.) Den vormunden bin ich feindt, sie machens selten gutt."[43]

Somit befaßte sich der Reformator schon einige Zeit vor seiner Krankheit im Jahr 1541 mit dem Gedanken, für seine Frau Käthe zu sorgen, damit sie im Falle seines Todes nicht „wie eine Magd aus dem Hause gehen" müsse oder aber ganz auf ihre Kinder beziehungsweise auf deren Vormünder angewiesen sei, nur daß eben ein solcher Entschluß, obschon es Luther tatsächlich gelingen sollte, ihn durchzusetzen, doch jeder rechtlichen Grundlage entbehrte.

Ich Martinus Luther Doctor u beken
ne mit dieser meiner eigen handschrifft
das ich meiner lieben und trewen haussfrawen
Katherin gegeben habe zum leibgedinge (oder
wie man das nennen kan) auff yhr lebelang
damit sie yhres gefallens und zu yhrem besten
gebaren muge. Und gebe yhr das ym krafft
dieses brieves, gegenwertiges und heutiges tages

Nemlich, das gutlin Zulsdorff, wie ich das
selb gekaufft und zugericht habe, aller dinge
wie ichs bis daher gehabt habe,

Zum andern das Haus Bruno zur wo
nung, so ich unter meins Wolffs namen ge
kaufft habe

Zum dritten, die Becher und Kleinot, als
ringe, ketten, schenckgroschen, gulden und silbern
welche ungeferlich solten bey tausent gulden
werd sein   Das thu ich darumb

Erstlich, das sie mich als ein from trew
ehlich gemahl allzeit, lieb, werd, und schon ge
halten. Und mir durch reichen gottes segen
funff lebendige kinder (die noch fur handen
Gott gebe lange) geboren und erzogen hat

Zum andern, das sie die schuld, so ich noch
schuldig bin (wo ich sie nicht bey leben ablege)
auff sich nemen und bezalen sol. Welcher mag
sein, ungefer mir bewust. cccc l. fl. Mugen
sich villeicht wol mehr finden

Zum dritten vnd aller meist darumb, das ich wil,
sie musse nicht den kindern, sondern die kinder
sollen yhr yn die hende sehen, sie yn ehren
halten vnd vnterworffen sein, wie Gott gebo
ten hat. Denn ich wol gesehen vnd erfaren, wie
der Teuffel, wider dis gebot, die kinder hetzet vnd
reitzet, wenn sie gleich from sind, durch böse vnd
neidische Meuler, sonderlich wenn die mutter
widwen sind, Vnd die Söne ehefrawen vnd
die tochtere ehemenner kriegen, vnd widerumb
Socrus Nurum, Nurus Socrum. Denn
ich halt, das die Mutter werde yhrer eigen kinder
der beste furmund sein, vnd solch gutlin vnd
leibgedinge, nicht zu der kinder schaden oder
nachteil, sondern zu nutz vnd besserung
brauchen, als die yhr fleisch vnd blut sind
vnd sie vnter yhrem hertzen getragen hat.

Vnd ob sie nach meinem tode, genottigt
oder sonst verursacht wurde (denn ich Gott
yn seinen wercken vnd willen kein ziel setzen
kan) sich zu verendern, so trawe ich doch, vnd
wil hiemit solchs vertrawet haben, sie werde
sich mutterlich gegen vnser beider kinder halten
Vnd alles trewlich, es sey leibgedinge oder an
ders, wie recht ist, mit yhnen teilen

Vnd bitte auch hiemit vnterthenniglich
meinen gnedigsten herrn Hertzog Johans Friderichen
Kurfursten zu S etc. wolten solche begnadung
oder leibgedinge gnediglich schutzen vnd handhaben

Auch bitte ich alle meine güte freunde, wol
ten meiner lieben Kethen zeugen sein und sie
entschuldigen helffen, wo etliche unnütze meuler
sie beschweren oder verunglimpfen wolten, als
solt sie etwa eine barschafft hinder sich haben
die sie den armen kindern entwenden oder
unterschlahen würde. Ich bin des zeuge, das
da keine barschafft ist, on die becher und
kleinod, droben ym leibgedinge erzelet. Und
zwar solts bey yderman die rechnung offentlich
geben, weil man weis, wie viel ich ein
komens gehabt von M. g. h. herrn. Und
sonst nicht einen heller noch körnlin von
yemand einzükomen gehabt, on was geschenck
ist gewesen, welchs droben unter den klei
noten, züm teil auch noch ym der schuld
steckt und zü finden ist. Und ich doch
von solchem einkomen und geschenck, so viel
gebawet, gekaufft, grosse und schwere haushal
tung gefürt, das ichs, müs neben andern, selbs
für einen sonderlichen wunderlichen segen er
kennen, das ichs habe konnen erschwingen, und
nicht wunder ist, das keine barschafft, sondern
das nicht mehr schüld da ist. Das
bitte ich darümb, denn der Teuffel, so er mir nicht
kündte neher komen, solt er wol meine Kethe
allein der ursachen, allerley weise süchen, das
sie des Mannes, Doctor Martinus eheliche
hausfraw gewest und (Gott lob) noch ist

Zu letzt bitte ich auch yderman. Weil ich ynn dieser begabung oder leibgedinge, nicht brauche der Juristischen forme und worter (dazu ich ursachen gehabt.) Man wolle mich lassen sein die person. die ich doch ynn der warheit bin Nemlich, offentlich, und die beide ym himel auff erden, auch ynn der helle bekand, ansehens oder autoritet gnug hat, der man trawen und gleuben mag mehr denn keinem Notario. Denn so mir verdampten, armen, unwirdigen elenden sunder, Gott der Vater aller barmhertzikeit. das Euangelion seines lieben sons vertrawet, dazu mich auch trew und warhafftig drinnen gemacht, bis her behalten und funden hat, Also das auch viel ynn der welt dasselb durch mich angenomen, Und mich fur einen lerer der Warheit halten, ungeacht des Bapsts bann, keisers, konigs, fursten, pfaffen, ia aller teuffel zorn. Sol man ia viel mehr mir hie ynn dieser geringen sachen gleuben. Sonderlich weil hie ist, mein hand, fast wol bekand. Der hoffnung, Es solle gnug sein, wenn man sagen und beweisen kan, dis ist D Martinus Luthers (der Gottes Notarius und zeuge ist ynn seinem Euangelio) ernstliche und wolbedachte meinung mit seiner eigen hand und siegel zu beweisen,

Geschrieben und gegeben Am tage Epiphanie

1 5 4 2

M Luther

Ego Philippus Melanthon testor hanc esse
et sententiam ac voluntatem et manum
Reverendi domini Doctoris Martini Lutheri
praeceptoris et patris nostri carissimi.

Et ego Caspar Cruciger d. testor hanc esse
et sententiam et voluntatem et manum
Reverendi d. Doctoris Martini Lutheri
carissimi patris nostri. Quare et ipse
mea manu subscripsi.

Et ego Johannes Bugenhagius Pomeranus d. item testor manu mea.

[illegible]

Wie sollte er die Sache anstellen?

Dem im „Sachsenspiegel"[44] festgelegten alten sächsischen Recht zufolge, welches auch zu Luthers Lebzeiten noch galt, kam der Witwe nur die Morgengabe, nämlich das am Morgen nach der Hochzeit vom Ehegatten empfangene Brautgeschenk sowie die „Gerade" zu, mit welcher man eine sehr begrenzte Anzahl von Gegenständen des persönlichen Gebrauchs wie Kleider und Schmuck bezeichnete. Die Liegenschaften fielen jeweils unbedingt dem Kind oder den Kindern zu, und zwar so, wie uns dies in einem alten Sprichwort erhalten blieb, nach welchem „der Ältere teilt, der Jüngere wählt". Gab es keine Kinder, waren die nächsten Blutsverwandten des Ehemannes die Erben, so daß der nach sächsischem Recht Verfügende seiner Witwe höchstens eine Rente auf dem Gut beziehungsweise den Gütern sichern konnte, wenn es gut ging, und selbst das nur unter Erfüllung bestimmter Formalitäten.

Der andere Weg, der des kanonischen Rechts, dessen man sich landesüblich in Ehesachen beziehungsweise beim Aufstellen eines Testamentes bedienen konnte, war von vornherein für Luther ungangbar. Nach dieser Rechtsordnung würde weder er, der geächtete und gebannte Exmönch, für testierfähig, noch sie, die aus Nimbschen entwichene Exnonne, für erbfähig gegolten haben.

Ein dritter Weg bot sich vielleicht auf der Grundlage des römischen Rechts mit weitaus günstigeren Aussichten, wenn er sich nämlich gar nicht erst als Erblasser bezeichnete, sondern auf die in seinem Fall einerseits unergiebige, andererseits wiederum anfechtbare Formel „Witthum" verzichtend, seine Güter und Habe seiner Frau zum Geschenk machte und diese somit als Herrin und Verwalterin über dieselben einsetzte. Für diesen Weg entschloß er sich. Statt sich jedoch der gängigen Donationsbegriffe des römischen Rechts zu bedienen, nannte er seine Schenkung einfach „Begabung und Leibgedinge". Und zwar nicht allein, weil dieser Weg die weitaus besten Aussichten zu bieten schien, sondern weil er der reformatorischen Auffassung Luthers von Ehe und Familie am besten entsprach. Somit schenkte er nun all sein Hab und Gut noch bei Lebzeiten seiner Frau Käthe, setzte diese für den Fall seines Todes zum Vormund ihrer Kinder ein, wodurch er allerdings seinem Rechtsakt die rechtliche Grundlage gewissermaßen auch wieder entzog, ging doch hier eine Donation in ein Testament, ein mehrfach irreguläres, über.

Nach Kaiser Maximilians I. Verordnung vom Jahre 1512 war zur rechtskräftigen Gültigkeit einer letztwilligen Verfügung erforderlich, daß sie von einem Notar wenn nicht aufgesetzt, doch wenigstens amtsmäßig bestätigt oder aber mit den Unterschriften sowie Siegeln von zumindest sieben eigens dazu erbetenen Zeugen bekräftigt werde. Luther hatte in Erfurt selbst Jura studiert und war so einerseits sehr wohl imstande, das Schriftstück vollständig ohne fremde Hilfe und nach eigenem Ermessen anzufertigen. Andererseits verhandelte er nicht gerne mit „bösen", „groben", „unflätigen", „ehrwidrigen" Leuten, für die er die Juristen hielt, und fand es besser, auf Notar und amtsmäßige Zeugen zu verzichten, da ihm diese ohne des Kurfürsten Gunst ja sowieso nichts nützten. Stand aber der Kurfürst für die Rechtsgültigkeit seines Vermächtnisses ein, so tat er es gewiß nicht Notar oder Zeugen, sondern einzig Gott zuliebe. So verharrte nun Luther, selber „Gottes Notarius" und „zeuge ... ynn seinem Euangelio", jedem Menschenrecht entgegen, ob kanonisch oder bürgerlich, auf jener Plattform als einzig möglicher Rechtsbasis, die ihm Gottes Wort und Wahrheit bot. Daher empfahl er sein Testament Johann Friedrich dem Großmütigen von Sachsen, damit „seine kurfürstliche Gnaden wolten solche begabung oder leibgedinge gnediglich schützen vnd handhaben".[45]

Diesen Verzicht auf juristische Formalitäten finden wir jedoch nur da, wo sie Luthers Willen entgegengewirkt hätten. Wo es sein mußte, hielt er sich durchaus an die juristisch gegebenen und annehmbaren Normen. Und auf Johann Friedrich war tatsächlich Verlaß. Mit folgenden Worten bestätigte der Kurfürst nach Luthers Ableben, am 11. April 1546, dessen letztwillige Verfügung:

„Ob nun gleich gemeldte Verordenunge von Zierlichkeiten und Solemnitäten, so die Recht erfordern mugen, mangelhaftig wäre, so haben wir doch dieselbe aus gnädigem Willen, damit wir Doctori Martino bei seinem Leben je und allerwegen geneigt gewest, und umb der Ursachen und Bedenken willen, die er in solcher Verordenunge angezeigt, gnädiglich zu confirmieren und zu bestätigen nit unterlassen wollen."

Das nun wiedergegebene, vom Tage Epiphaniae 1542 datierte und mit den Unterschriften Melanchthons, Crucigers und Bugenhagens versehene autographe Testament Martin Luthers hat folgenden Wortlaut:

Ich Martinus Lüther Doctor e[t]c bekenne mit dieser meiner eigen Handschrifft, das ich meiner lieben vnd trewen Hausfrawen, Katherin gegeben habe züm leibgedinge (oder wie man das nennen kan) aüff yhr lebelang damit sie yhres gefallens und zü yhrem besten gebaren müge. Vnd gebe yhr das ynn krafft dieses brieües, gegenwertiges vnd heütiges tages

Nemlich, das gütlin Zülstorff, wie ich das selb gekaüfft vnd zügericht habe, aller dinge wie ichs bis daher gehabt habe,

Züm andern das Haüs Brüno zur wonüng, so ich vnter meins Wolffs[46] namen gekaüfft habe

Züm dritten, die Becher vnd kleinot, als ringe, ketten, Schenck groschen, gülden vnd silbern welche vngeferlich solten bey taüsent gülden werd sein

Das thü ich darümb

Erstlich, das sie mich als ein from, trew, ehlich gemalh, allzeit lieb, werd vnd schon gehalten. Vnd mir dürch reichen Gottes segen fünff lebendige Kinder (die noch für handen, Gott gebe lange) geborn vnd erzogen hat

Züm andern, das sie die Schüld so ich noch schüldig bin (wo ich sie nicht bey leben ablege) aüff sich nemen vnd bezalen sol, Welcher mag sein ongefer mir bewüst ccccl fl. Mügen sich villeicht wol mehr finden

Züm dritten vnd aller meist darümb, das ich will sie müsst nicht den Kindern, sondern die Kinder sollen yhr ynn die hende sehen, sie ynn ehren halten vnd vnterworffen sein, wie Gott geboten hat. Denn ich wol gesehen vnd erfaren, wie der Teüffel wider die gebot die kinder hetzet vnd reitzet, wenn sie gleich from sind, dürch bose vnd neidissche Meüler sonderlich wenn die müttere widwen sind, Vnd die Söne ehefrawen und die töchtere ehemenner kriegen, vnd widerumb Socrüs Nürüm Nürüs Socrüm[47]

Denn ich halt, das die Mütter werde yhrer eigen Kinder der beste fürmünde sein, vnd solch gütlin vnd leibgedinge nicht zü der Kinder schaden oder nachteil, sondern zü nütz vnd besserüng braüchen, als die yhr fleisch vnd blüt sind vnd sie vnter yhrem hertzen getragen hat

Vnd ob sie nach meinem tode, genottigt oder sonst verürsacht würde (denn ich Gott ynn seinen wercken vnd willen, kein Zil setzen kan) sich zu verendern, so trawe ich doch vnd wil hiemit solchs vertrawet haben, sie werde sich mütterlich gegen vnser beider kinder halten Vnd alles trewlich, es sey leibgedinge oder anders, wie recht ist, mit yhnen teilen

Vnd bitte aůch hiemit vntertheniglich meinen gnedigsten herrn Hertzog Johans Fridrichen Kůrfůrsten e[t]c s[einer] k[uer] f[ůrstlichen] g[naden] wolten solche begabůng oder leibgedinge gnediglich schůtzen vnd handhaben

Aůch bitte ich alle meine gůten freůnde, wolten meiner lieben kethen zeůgen sein vnd sie entschuldigen helffen, wo ettliche vnnůtze meůler sie beschweren oder verůnglimpfen wolten, als solt sie ettwa einer Barschafft hinder sich haben die sie den armen Kindern entwenden oder vnterschlahen wůrde. Ich bin des zeůge, das da keine Barschafft ist, on die Becher vnd kleinod, droben ym leibgedinge erzelet. Vnd zwar solts bey yderman die rechnung offentlich geben, weil man weis, Wie viel ich einkomens gehabt von M[einem] g[nädigsten] H[errn] herrn, vnd sonst nicht einen heller noch kornlin von yemand einzůkomen gehabt, on was geschenk ist gewesen, welchs droben vnter den kleinoten. Zům teil aůch noch ynn der schuld steckt vnd zů finden ist

Vnd ich doch von solchem einkomen vnd geschenck so viel gebawet, gekaůff, grosse vnd schwere haůshaltůng gefůrt Das ichs můs neben andern selbs fůr einen sonderlichen wůnderlichen segen erkennen, das ichs habe konnen erschwingen, vnd nicht wunder ist das keine Barschafft, sondern das nicht mehr schůld da ist

Dis bitte ich darůmb denn der Teůffel, so er mir nicht kůndte neher komen, solt er wol meine kethe allein der vrsachen, allerley weise sůchen, das sie des Mannes Doctor Martinůs eheliche haůsfraw gewest vnd (Gott lob) noch ist

Zů letzt bitte ich aůch ydermann, Weil ich ynn dieser begebůng oder leibgedinge, nicht braůche der jůristischen forme vnd worter (dazů ich vrsachen gehabt) Man wolle mich lassen sein die person, die ich doch ynn der warheit bin Nemlich offentlich, vnd die beide ym himel aůff erden, aůch ynn der Helle bekand, ansehens oder aůtoritet gnůg hat der man trawen vnd gleůben mag mehr denn keinem Notario. Denn so mir verdampten, armen vnwirdigen elenden sůnder, Gott der Vater aller Barmhertzickeit, das Eůangelion seines lieben Sons vertrawet, dazu mich aůch trew vnd warhafftig drinnen gemacht, bis her behalten vnd fůnden hat, Also das aůch viel ynn der welt dasselb důrch mich angenomen, Vnd mich fůr einen lerer der Warheit halten, vngeacht des Bapsts bann, keisers, konige, fůrsten, pfaffen, ia aller teůffel zorn Sol man ia viel mehr mir hie ynn dieser geringen sachen gleůben, sonderlich weil hie ist mein hand, fast wol bekand Der hoffnůng, Es solle gnůg sein wenn man sagen vnd beweisen kan, dis ist D Martinüs Luthers (der Gottes Notarius vnd zeüge ist ynn seinem Eüangelio) ernstliche vnd wolbedachte meinüng mit seiner eigen hand vnd siegel zü beweisen,

Geschehen vnd gegeben Am tage Epiphanie
1542

M Luther vts

Ego philippus Melanthon testor hanc esse et sententiam ac voluntatem te manum Reuerendi domini doctoris Martini Lutheri praeceptoris et patris nostri carissimi.

Et ego Caspar Creuciger d. testor hanc esse et sententiam et voluntatem et manum Reuerendi d. doctoris Martini Lutheri carissimi patris nostri. Quare et ipse mea manu subscripsi.

Et ego Johannes Bugenhagius Pomeranüs d. idem testor mea manü.

Wie wir sehen, hält dieses wohlüberlegte zweite Testament im Vergleich zum ersten, im Fiebertraum entstandenen viel weniger Schärfe gegen das Papsttum und mehr zärtliche Wärme für die Familie bereit.

Es geht dem Erblasser hier zunächst darum, sein geliebtes Weib zu schützen, erstens vor den Schlichen seiner ihm wohlbekannten haßerfüllten Neider, zweitens vor etwaigen Benachteiligungen, die Katharina durch das eine oder andere Familienmitglied, – Kind, Schwiegertochter, Schwiegersohn oder andere – widerfahren könnten. Daß er Wohl und Zukunft der Kinder getrost in ihrer Mutter Hände legen dürfe, die sie alle unterm Herzen trug, stand für ihn außer Zweifel. Nichtsdestoweniger legt er der Mutter ans Herz, der Kinder Wohl immer vor Augen zu behalten, auch im Falle, wenn Katharina sich „verändern", das heißt neu vermählen sollte, und jeweils all ihre Habe „treulich" mit ihnen zu teilen.

Besonders schöne Zeilen des Vermächtnisses sind jene, wo Luther demütig und würdevoll zugleich als ein „Lehrer der Wahrheit" sich zu Christi Evangelium bekennt, welches ihm „der Vater aller Barmherzigkeit" anvertraut hat, um ihn „armen, unwürdigen... Sünder" darin „wahrhaftig" zu machen. Es würde wohl kaum jemand die Authentizität dieses von „Gottes Notar" und „zeugen

... ynn seinem Eüangelio" eigenhändig aufgesetzten Testaments in Frage stellen können. Selbst diejenigen, die ihn als einen Abtrünnigen und seine Ehe als ein Konkubinat verschrieen, würden die Echtheit seiner Handschrift anerkennen müssen.

Zwei Jahre später, am 1. Februar 1544, wurden in einem vom Wittenberger Stadtrichter und berühmten Buchdrucker Hans Lufft „in Anwaltschaft und uff Befehl des ehrwirdigen, hochgelahrten Herrn Martini Luthers, der heiligen Schrift Doctoris"[48] geführten Gerichtsverfahren die im Testament getroffenen Bestimmungen bedeutend ergänzt und in dieser Form in das Gerichtsbuch der Stadt eingetragen. Die Ergänzung lautete erstens, daß Katharina Luther das „Haus Bruno" nicht nur zur Wohnung, sondern zur uneingeschränkten Nutznießung bekomme, und bestand zweitens in einer Aufzählung jener ebenfalls im Wittenberger Weichbild gelegenen übrigen Liegenschaften, die genauso wie das „Haus Bruno" aus Luthers Besitz in den seiner Witwe überzugehen hatten, und zwar dreier Gärten und einer Hufe (sprich: eines Stück Ackers), unter Benennung ihrer vormaligen Eigentümer und genauer Ortsbezeichnung.[49] Die Liste, dieses sozusagen einzige vorschriftsmäßige Zubehör eines sonst gänzlich irregulären Vermächtnisses, befindet sich jetzt im Wittenberger Stadtarchiv.

Als Kurfürst Johann Friedrich die Nachricht von Luthers Tod erhielt, erließ er sogleich am 20. Februar 1546 ein Trostschreiben an die Witwe, worin er sich verpflichtete, für die Hinterbliebenen zu sorgen. Tags darauf schickte er 100 Gulden an die Universität, um eine Schuld Katharinas zu begleichen. Auf deren Bitte hin bestellte er Anfang März den Kindern die von ihr gewählten Vormünder, nämlich Luthers Bruder Jakob, den Hofarzt Dr. Mathias Ratzeberger, den derzeitigen Wittenberger Bürgermeister Ambrosius Reuter sowie als deren Stellvertreter Melanchthon und Cruciger. Überdies erhielten die Kinder von ihm eine Gabe von 2000 Gulden, 500 je Kind.

Am 11. April erließ Johann Friedrich jenes oben bereits angeführte Schreiben, in welchem er das Testament des Reformators bestätigte und als rechtskräftig erklärte. Noch im selben Jahr verhalf er Katharina zum Kauf des unweit von Wittenberg gelegenen Rittergutes Wachsdorf aus dem Besitz des frühverstorbenen Luther-Freundes Dr. Sebald Münster. Zu diesem Kauf steuerten auch die Grafen von Mansfeld 2000 Gulden bei.

So sehr des Reformators Testament juristisch gesehen aus dem

Rahmen fiel, so glänzend bewährte es sich doch. Luther hatte seine Lieben bis an ihr Lebensende versorgt und gesichert. „Haus Bruno" und Gut Zülsdorf wurden nach Katharinas Tod verkauft. Vom ersteren ist uns der Kupferstich geblieben, von dem bereits die Rede war, vom letzteren ein 1817 auf seinem Grund errichteter Gedenkstein mit der Inschrift: „Hier wohnte Martin Luther."

Was die im Testament aufgezählten Gold- und Silbergegenstände, Kelche, Becher usw. anbelangt, wissen wir vom Schicksal und Verbleib der meisten nichts mehr. Doch ein vergoldeter Silberbecher, das Brautgeschenk der Wittenberger Universität, befindet sich, wie erwähnt, in Greifswald. Die beiden Trauringe werden in Braunschweig und ein vom Schwedenkönig Gustav I. Wasa geschenktes Trinkglas wird in Leipzig aufbewahrt.

Ungarischer Kunde bei einer Versteigerung

Nach der Erbteilung entzieht sich das Original der Testamentsurkunde für anderthalb Jahrhunderte unseren Augen. Eine für jedermann zugängliche Kopie gab es allerdings und gibt es heute noch im Stadtarchiv zu Weimar mit Melanchthons eigenhändiger Überschrift: „Copia Testamenti des Erwirdigen Herrn Doctoris Martini Lutheri." Zudem kam in der Altenburger Ausgabe von Luthers Werken ein vollständiger Abdruck des Textes an die Öffentlichkeit.

Das Original, von dem einstweilen jede Spur fehlte, wird man wohl anfangs im Familienarchiv der Agnatenlinie aufbewahrt haben. Diese, und mit ihr der Name Luther, blieb am längsten in den Nachkommen des Sohns Paul erhalten. Der letzte Ururenkel hieß Martin Gottlob und verstarb unverheiratet 1759 in Dresden.

Daß irgendwo auch ein autographisches Original vom Testament existieren müsse, geht verschiedentlich schon aus Veröffentlichungen des 17. Jahrhunderts hervor, die zum Teil sogar Näheres über die Entstehungsumstände der Urkunde, doch durchgängig nichts von deren Verbleib zu berichten wußten. Den ersten Hinweis hierauf liefert Anfang des 18. Jahrhunderts ein deutscher Historiker, Christian Juncker, in seinem 1706 erschienenen Buch „Das Guldene und Silberne Ehren-Gedächtniss D. Martini Lutheri", wo er aufgrund eines Briefwechsels zwischen ihm und dem kurfürstlich-sächsischen Oberkirchenrat und Dresdner Oberhofprediger Samuel Benedict Carpzov auf Seite 197 folgendes mitteilt: „Von dem Testament Lutheri handelt auch Seckendorff Lib. III. Fol. 651, ingleichen Herr D. Joh. Fr. Mayer in seinem Schediasmate de vita Catharina a Bora. Das Testament aber selbst kann man lesen im achten Theil der Schriften Lutheri, Altenburgisches Druckes Fol. 846, allwo gesagt wird, daß selbiges am Tage Euphemiä (das wäre der 16. September) datiret sey. Es hat aber der Hochwürdige Churf. Sächsische Ober-

Kirchen-Rath und Ober-Hof-Prediger zu Dresden, Herr D. Samuel Benedict Carpzovius mich einem eigenhändigen Schreiben zu belehren die Gütigkeit gehabt, daß nicht allein er das wahre Original vom besagten Testament besitze, welches von Melanchthone, Crucigero und Bugenhagio unterschrieben worden, sondern auch daß in selbigem zu sehen, wie das Testament nicht am Tage Euphemiä, sondern am Tage Epiphaniä (das ist den 6. Januarii) datiret sey, zu geschweigen, daß sich auch noch in etlichen Kleinigkeiten ein geringer Unterschied des Originals von der gedruckten Copey hie und wieder befinde."

Carpzov ist der Name einer von Anfang an und jederzeit echt lutherisch gesinnten, berühmten, alten sächsischen Gelehrtenfamilie, von deren Mitgliedern die meisten entweder als Theologieprofessoren oder als hochgestellte Prediger beziehungsweise führende Persönlichkeiten des öffentlichen Lebens wirkten. Ob nun ein Vorfahre des erwähnten Samuel Benedict Carpzov oder er selber als erster in der Familie in den Besitz des Luthertestaments gekommen war, bleibt allerdings dahingestellt, da in der Zeit zwischen 1706 und 1803 wieder jede Spur verwischt ist. Ein Urgroßneffe Samuel Benedicts und letzter männlicher Sprößling der Familie, Professor Dr. Johann Benedict Carpzov, wurde 1720 geboren, las an der Leipziger Universität Griechisch, dann an der Helmstedter Theologie, verstarb 1803 und hinterließ eine ansehnliche Bücher- und Handschriftensammlung, welche im darauffolgenden Frühjahr versteigert wurde. Dies geht hervor aus einem Katalog, der vom Schwiegersohn des Verewigten, dem Historiker Professor Heinrich Philipp Konrad Henke, zusammengestellt und unter dem Titel „Bibliotheca Joannis Benedicti Carpzovii abbatis quondam regiolothariensis, theol. doctoris etc. Helmstadii A.D. VII. Febr. 1804 publicae sectionis ritu dividenda. Helmstadii" gedruckt wurde.

Die Versteigerung fand am 7. Februar 1804 statt. Unter den feilgebotenen Raritäten, mittelalterlichen Manuskripten, Wiegendrucken, Unikaten usw. waren in Henkes Katalog auf Seite 9 der „Libri manuscripti" als dritter Posten Luthers handschriftliches Vermächtnis aus dem Jahre 1542 und ein ebenso wie dieses für echt gehaltener Brief von Luther aus dem Jahr 1533 an Philipp von Hessen, beides in einem roten Samtfutteral, verzeichnet.

Für 40 Dukaten erstand ein bekannter ungarischer Raritätensammler namens Miklós Jankovich das rote Samtfutteral mit seinem kostbaren Inhalt. Auf der Umschlagseite des handschriftlichen Testaments ist seitdem in fremder Handschrift folgender Vermerk zu lesen: „Ex cimeliis librorum J. B. Carpzovii Helmstadii distractorum comparavit N. Jank. ab aureis 40. a 1804."[50]

Wer war dieser Nikolaus beziehungsweise Miklós von Jankovich? 1772 im einstigen schönen Jankovich-Haus der Innenstadt von Pest[51] geboren, ging er dort bei den Piaristen zur Schule, studierte anschließend Jura und Geschichte in Preßburg, wo er, dank einer örtlichen Bekanntschaft, den hochangesehenen oberungarischen Gelehrten Daniel Cornides zum Präzeptor bekam. Dieser war es, der in ihm als erster die Idee einer „Bibliotheca Hungarica" weckte.

Glänzende Vermögensverhältnisse und eine sowohl väterlicher- als auch mütterlicherseits beträchtliche Erbschaft ermöglichten ihm, so manches Familienarchiv namhafter Adelsgeschlechter, angesehener Wissenschaftler, Kunstliebhaber und Pädagogen zu erwerben.

Als er von der bevorstehenden Helmstedter Versteigerung des vielversprechenden Carpzovschen Nachlasses erfuhr, war unser leidenschaftlicher Kunstsammler 32 Jahre alt. Jankovich, obwohl Katholik, war für Kulturwerte jeder Konfession in gleicher Weise empfänglich. Mit sicherem Gespür fand er wie immer auch in Helmstedt gleich das Kostbarste heraus. Etliche Stücke erwarb er gar nicht erst für sich, sondern verkaufte oder verschenkte sie an die von Graf Ferenc Széchényi 1802 gegründete ungarische Nationalbibliothek, wie u. a. ein griechisches Evangeliar aus dem 12. Jahrhundert. Dieses stammte aus der Bibliotheca Corviniana[52] und befindet sich auch heute im Handschriftenarchiv der nach ihrem Stifter „Széchényi-Landesbibliothek" genannten Budapester Nationalsammlung.

Jankovichs glücklicher Griff, den er mit dem Erwerb des Luthertestaments sowie mehrerer Briefe Luthers und Melanchthons tat, wurde von vielen seiner Zeitgenossen mit heller Begeisterung begrüßt. Man weiß von einem enthusiastischen Brief des Ferenc Kazinczy[53] in dieser Angelegenheit aus dem Jahr 1808. Professor István Horváth, erster Kustos der Nationalbibliothek, trug in sein Journal, dem er den Titel „Alltägliches" gegeben hatte, folgende Notiz ein: „War bei dem wohlgeborenen Herrn Miklós Jankovich zu Besuch. Sah bei dieser Gelegenheit abermals die Originalurkunde von Martin Luthers Testament, die uns dieser unermüdliche Forscher, dieser Auftreiber von Antiquitäten, aus Deutschland heimgebracht hat."

Es waren nun mit dem Luthertestament zusammen ungefähr 80 Schriftstücke, Briefe beziehungsweise Dokumente aus dem Zeitalter der Reformation, die Jankovich, wie er dem Pester Generalkonvent in einem Schreiben vom 15. Februar 1815 anzeigt und einem lateinisch abgefaßten zweiten vom 10. November 1832 nochmals bestätigt, der ungarischen evangelisch-lutherischen Kirche für ihr Archiv zum Geschenk gemacht hat. Noch verfügte aber in Ungarn die lutherische Kirche über kein Archiv im Sinne einer geordneten Sammlung. Diese wurde jedoch Jahre später auf Anregung der evangelischen Gemahlin des Erzherzog-Palatins Joseph von Habsburg, Marie-Dorothea von Württemberg, eingerichtet. So blieb die der Kirche verschriebene Urkundenkollektion einstweilen beim Spender.

Seine kostspielige Liebhaberei stürzte Jankovich immer häufiger in Geldschwierigkeiten, so daß er sich dann gezwungen sah, Interessenten für die noch nicht vergebenen Kostbarkeiten seiner Sammlung zu suchen. Einer der Interessenten war der Palatin Joseph von Habsburg. Schließlich erbot sich 1831 das Ungarische Nationalmuseum, für eine festgesetzte Summe ihm einen Teil der Sammlung abzukaufen. Der Vertrag wurde im Herbst abgeschlossen. Die nunmehr in den Besitz des Museums übergegangenen Stücke sollten ähnlich wie die an die lutherische Kirche verschenkten vorläufig in Jankovichs Verwahrung bleiben, bis zur Fertigstellung des neuen Museumsgebäudes, wo man sie dann unterbringen wollte. Daß „Martin Luthers Originaltestament, nachdem es schon früher der Pester madjarischen evangelischen Kirche Augsburgischer Konfession verschrieben worden ist, nicht zu der dem Museum überlassenen Kollektion gehört", wurde im 3. Punkte des besagten Vertrages gesondert festgehalten. Unter der Pester madjarischen Kirche wird hier die Ungarische Evangelische Generalkirche verstanden. Übrigens bekamen außer dieser auch die reformierte Kirche Ungarns sowie die katholische Pfarrkirche in Rácalmás etliche Devotionalien durch Jankovich geschenkt.

In den Protokollen der ungarischen Evangelischen Generalkirche – die sich heute die Evangelisch-Lutherische Kirche Ungarns nennt – sind immer wieder Hinweise auf die Jankovich-Schenkung, besonders aber auf das Luthertestament, zu lesen, die somit bezeugen, daß dieser Schatz vom Präsidium ständig in Ehren gehalten wurde. 1838 wandte sich Generalsuperintendent Baron Sándor Prónay an Palatin Joseph mit der Bitte, die Testamentsurkunde vom Nationalmuseum an den Generalkonvent der evangelischen Kirche A. C. aushändigen zu lassen. In der Antwort des Palatins vom Herbst 1839 lesen wir hingegen, daß die Urkunde zur Zeit des Pester Hochwassers in Sicherheit gebracht werden mußte, so daß diese nicht zur Hand sei und folglich erst nach ihrer Überführung ins neue Museumsgebäude übergeben werden könne.

Jahre vergingen, ehe der Generalkonvent endlich auch de facto in den Besitz der Testamentsurkunde kam. Dieses in den Protokollen nachzulesen, lohnt sich um so mehr, als in eben jenen Jahren unter den Delegierten des Konvents auch der „Tafelrichter Lajos Kossuth“[54] anzutreffen war.

Hier einige Auszüge aus den (ungarisch geführten) Konventsprotokollen:

Anno 1840. Generalprotokoll. Punkt 10:

„Conventus notarius meldet, daß die durch wohledelgeborenen Herrn Nicolaus Jankovich zum Geschenke gemachte originale letztwillige Verfügung des werthen Martini Lutheri bis itzt nicht hervorgeholt werden konnte unter den Scripturen des Nationalmuseums, deren bei nächster Thunlichkeit empfohlene Übernahme und Unterbreitung im Convent der Präsident sollicitieret.“

Anno 1841. Generalprotokoll. Paragraph 8:

„Nach gänzlichem Aufbau des neuen Museumsgebäudes sei die Ausfolgung des Testaments Martini Lutheri durch den Präsidenten sollicitieret.“

Anno 1842. Generalprotokoll. Paragraph 12:

„Aus dem Museumsgebäude seinerzeit herauszunehmen sein wird...“

Anno 1843. Generalprotokoll. Paragraph 12:

„Martin Luthers Originaltestament soll nach Meldung des Notarii aus dem Nationalmuseum ausgehändigt werden können, weshalb der hochwohlgeborene Herr Präsident gebeten wird, dasselbe abzuholen und dem Generalarchiv einzuordnen.“

Anno 1844. Generalprotokoll, Paragraph 13:

„Hochwohlgeborener Herr Präsident wird gebeten, die originale Testamentsurkunde des Martini Lutheri aus dem Nationalmuseum abzuholen und dem Generalarchiv einzuordnen.“

Und endlich die Freudenbotschaft:

Anno 1845. Generalprotokoll. S. 17:

„Der vom Director des Nationalmuseums, Herrn August Kubinyi, an den Convent gerichtete Brief wurde letzterem unterbreitet und somit bewußt, daß obgenannter Herr Director die Urkunde im Original durch Herrn Königshofrat Lajos Schedius den Ä. zwecks Einordnung in das Generalarchiv dem Generalconvent herüberschicke, was er denn auch gethan, denn wie man eben durch Herrn Königshofrat Schedius erfuhr, liegt selbiges Original inzwischen schon im Generalarchiv."

Dies waren die Umstände, unter denen das Luthertestament in den Besitz seines rechtsmäßigen Eigentümers, der ungarischen evangelischen Kirche, in die Obhut des damaligen Archivars, Professor Lajos Schedius, gelangte.

Inmitten der Freudensäußerungen wurden allerdings hin und wieder auch Bedenken laut. Manche meinten nämlich, wie ebenfalls im Generalprotokoll von 1845 zu lesen steht, „es würde dieser gloriosen Reliquie zu größerer Publizität, uns aber zu größerer Ehre gereichen, wenn man sie auch weiterhin im Nationalmuseum beließe".

Zu einem Vergleich der beiden Parteien und einem endgültigen Entscheid kam es im Konvent diesmal noch nicht. Zunächst beschloß man, wie aus dem Generalprotokoll von 1846 ersichtlich, daß ein lithographiertes Faksimile vom Original vervielfältigt und in allen Distrikten zur Schau gestellt werden sollte. Mit der Abwicklung der Angelegenheit wurde Museumsdirektor und Generalkonventsmitglied Ágoston Kubinyi betraut.

Als das Faksimile gedruckt war, schickte der Generalkonvent auf Vorschlag des Archivars Lajos Schedius sofort ein Exemplar nach Eisleben.

Schließlich einigte sich der Konvent der Generalkirche auch auf den Aufbewahrungsort des Testaments: es sollte im Archiv der Kirche bleiben. Das rotsamtene Futteral kam nun in eine Stahlkassette und diese wiederum in einen Geldschrank. Hier hielt nun Martin Luthers eigenhändig niedergelegtes Vermächtnis seinen Jahrzehnte hindurch währenden Winterschlaf.

Allerdings nur, bis es wieder in den Vordergrund der öffentlichen Aufmerksamkeit geriet.

Der wegen seiner großen Ankäufe und noch größeren Schulden zwei Jahre vor seinem Tode unter Sequester gestellte, unglückliche Miklós Jankovich – der in den Augen vieler als „zweiter Gründer" des Ungarischen Nationalmuseums galt – war 74 Jahre alt, als er im Frühjahr 1846 von seiner mit Kunstwerten noch überhäuften Wohnung für immer Abschied nahm.

Der Streit über die Echtheit der Originalurkunde

Zur Zeit des ungarischen Freiheitskampfes von 1848/49 und der darauffolgenden Unterdrückung wurde naturgemäß vom Luthertestament nicht viel geredet. Die für den innerkirchlichen Gebrauch bestimmten Protokolle wurden ohnehin nur von wenigen gelesen. Die österreichisch-ungarische Presse schwieg. Nur in den *Protestantischen Jahrbüchern* erschien einmal ein kurzer Bericht. Auf diesen stützte sich dann vermutlich in Deutschland 1859 die *Dresdner Constitutionelle Zeitung* und 1860 die *Zeitschrift für die historische Theologie.*

1866 gab Carl August Hugo Burkhardt den Briefwechsel Luthers heraus und erklärte darin ausdrücklich: „Im Generalarchive der evangelischen Kirche Augsburgischer Confession Ungarns befindet sich die Originalurkunde von Dr. Martin Luthers Testament."[55]

Über ein Jahrzehnt war wieder vergangen, ehe 1878 die Frage nach der Echtheit der Urkunde im Generalkonvent aufkam. Man fragte sich, ob denn nicht die Originalität der im Generalarchiv aufbewahrten Dokumente zu überprüfen und ein eigener Raum für die wichtigeren Werte einzurichten sei. Der Generalkonvent setzte ein Komitee zur Untersuchung dieser Fragen ein.

Die sechs Ausschußmitglieder waren lauter hochangesehene und hochgestellte Männer: der Heraldiker und Geschichtsschreiber Baron Albert Nyáry, der Archäologe, Kunsthistoriker und Direktor des Nationalmuseums Ferenc Pulszky, welcher einst Kossuths Diplomat gewesen war, der Historiker und nachmalige Staatssekretär Mihály Zsilinszky sowie in Vertretung der Geistlichen der Pfarrer der Pester deutschen Gemeinde Sándor Doleschall, der Lyriker, Übersetzer und Pfarrer der Pester ungarischen Gemeinde Vilmos Győry, Akademiemitglied, Historiker und Senior (Propst) in Békéscsaba, Lajos Haan. Im darauffolgenden Jahr unterbreiteten sie dem Konvent einen Bericht, aus dem wir in der Übersetzung Doleschalls hier einige Abschnitte mitteilen:

„Die Gefertigten, im Sinne des 16-ten Punktes des letztjährigen Generalkonvents-Protokolls zu dem Behufe ausgesandt, daß sie die im Generalarchive aufbewahrten wichtigeren kirchengeschichtlichen Urkunden prüfen und über die Echtheit derselben ihr Gutachten abgeben mögen, sind am 13. November 1878 an Ort und Stelle erschienen, und haben nun die Ehre, das Ergebnis der durch sie veranstalteten Untersuchung im Folgenden mitzutheilen:

Bei dem Testamente Luthers vom Jahre 1542 haben wir vor allem das Papier des denkwürdigen Dokuments unserer Prüfung unterzogen und gefunden, daß dasselbe mit einem doppelten Wasserzeichen versehen – das eine besteht aus dem sächsischen Wappen und dem Kurhute, das andere aus einem F und einem Adler – thatsächlich aus der Zeit und aus dem Lande stammt, in dem Luther lebte."[56]

„Über die äußere Form des Autographums fügen wir dem im Kommissionsberichte Gesagten noch Folgendes bei. Die auf Kleinfolio geschriebene Urkunde, die fünfthalb Seiten einnimmt und sammt der Unterschrift der Zeugen 126 Zeilen ausmacht, ist trefflich erhalten. Sie war ursprünglich, und wie dies aus dem braunen Bug des Papiers gefolgert werden kann, längere Zeit in Briefform, beziehungsweise nach Art jener kleineren Dokumente (Schuldscheine und dgl.) gefaltet, die an beiden Enden gebrochen und in einander gelegt zu werden pflegten. – Gegenwärtig befindet sie sich in ihrer natürlichen Größe in dem durch Henke bezeichneten rothseidenen, oder vielmehr rothsammtenen Einbande. – Das im Schlußworte des Testaments angedeutete Siegel stand, wie darauf ein bräunlicher Fleck schließen läßt, unter der Jahreszahl, neben der Namenfertigung des Erblassers. – Auf der sechsten Seite der Handschrift, die den Umschlag bildete, sind die ziemlich vergilbten Worte lesbar: ‚Catharin Lutherin Leipgeding'."[57]

„Das Manuskript selbst haben wir verglichen:

a) mit dem Originalbriefe Luthers, den der große Reformator im Jahre 1535 am Tage sancti Donati an Herzog Johann geschrieben[58] und der gegenwärtig im Archive des Ungarischen Nationalmuseums aufbewahrt wird,[59]

b) mit einem Faksimile einer Handschrift Luthers aus dem Jahre 1542, welches sich zur Zeit im Besitze des Generalnotärs Ludwig Haan befindet,

c) mit einem aus den jüngeren Jahren Luthers stammenden Autographum, welches ‚Von der Freiheit eines Christenmenschen' handelt, und das im Wege Joh. Christian Kreß' an den Nürnberger Joh. Sigmund Mörl, durch diesen an den Superintendenten von Galizien Samuel Bredeczky, und hierauf an den Pfarrer und Senior Michael Schwarz in Eperies gelangte, der es schließlich dem Generalarchive zum Geschenke machte ..."[60]

Der vom Gutachterausschuß des Generalkonvents angefertigte Bericht bestätigte somit die Echtheit des im Generalarchiv aufbewahrten Autographs von Luthers Testament und schloß wie folgt:

„Bei Feststellung dieser erfreulichen Thatsache hat es das ausgesandte Komité für angezeigt erachtet, den schon durch die Würde des Generalkonvents gebotenen Antrag zu stellen, daß diese denkwürdigen geschichtlichen Reliquien, für welche das Ausland namhafte Beträge zu erlegen erbötig wäre, künftighin nicht mehr unter den übrigen, minder werthvollen Schriftstücken aufbewahrt, sondern in dem geräumigen Archivlokale unter Glas und Rahmen ausgestellt werden mögen, damit dieselben dergestalt dem großen Publikum und in erster Linie der zu konfirmierenden Jugend zugänglich gemacht, an die gewaltigen Errungenschaften mahnen, welche die Welt der Reformation zu verdanken hat.

Des hochwürdigen Generalkonvents unterthänige Diener Franz Pulszky, L. Haan, E. A. Doleschall, Baron Albert Nyáry, Wilhelm Győry, Mich. Zsilinszky."[61]

Dieser Bericht erregte sowohl im In- als auch im Ausland unerhörtes Aufsehen, war doch das Geschenk des inzwischen verstorbenen von Jankovich über die Landesgrenzen hinaus so gut wie unbekannt, in der Heimat aber längst wieder in Vergessenheit geraten. Um so lauter wurde nun der Lärm, um so heftiger das Gepolter, besonders in Österreich.

Eine besonders auch wegen ihres Feuilletons populäre Lieblingszeitung der österreichisch-ungarischen Monarchie mit einem großen Leserkreis war das „Wiener Fremdenblatt".

In diesem Organ wagte, kurz nachdem der Bericht des ungarischen Kirchenausschusses veröffentlicht worden war,[62] ein – wie er sich selber nannte – „Historiker vom Fach", ein gewisser Herr Karl Reuß, zu behaupten, das vom Generalkonvent der ungarischen evangelisch-lutherischen Kirche bestellte Komitee habe „weniger aus Fachmännern als vielmehr aus gefeierten Parlamentsrednern bestanden" und sei dadurch von vornherein zu Fehlschlüssen verurteilt gewesen, sei doch „durch die gründlichen Forschungen Ranke's in seiner Geschichte der Reformation zur Evidenz nachgewiesen, daß das einzige, von Luther eigenhändig geschriebene Testament sich gegenwärtig in der Heidelberger Bibliothek befindet, wo es noch jetzt den Besuchern unter Glas und Rahmen gezeigt wird; daß ferner das im Besitz der ev. Kirche in Ungarn angeblich befindliche Originaltestament Luther's nicht von ihm, sondern von dessen Schüler Honterus, einem Kronstädter Sachsen, der die Reformation nach Siebenbürgen brachte, und der mit Luther befreundet war, herrührt. – Als nämlich Honterus drei Jahre nach Luther's Tod 1549 nach Deutschland reiste, um das Grab seines großen Freundes und Lehrers zu besuchen, habe ihm Luther's Witwe als Dank für das ihr überbrachte Ehrengeschenk der Siebenbürger Sachsen gestattet, von dem damals noch in ihren Händen befindlichen Originaltestament Luther's einige Abschriften zu nehmen, um dieselben den Freunden und Gesinnungsgenossen des Verstorbenen als ein Andenken zu überbringen."[63]

Das waren Behauptungen, mit so viel anmaßender Selbstsicherheit vorgebracht, daß sogar die wahren Sachverständigen in Verlegenheit gerieten und fast schon an ihrem eigenen Urteil zu zweifeln begannen. Pfarrer Doleschall schildert die Situation 1881 im Rückblick folgendermaßen:

„Es soll nicht geleugnet werden, daß diese Berichtigung, auf mich wenigstens, förmlich verblüffend wirkte. Geschah sie doch mit einer Bestimmtheit, die nahezu jeden Zweifel ausschloß, und mit Berufung auf einen Namen von besonderem Klang und Gehalt; obwohl es mir anderseits nicht recht einleuchten mochte, wie ein Geschichtsschreiber von mehr denn europäischem Rufe – ich meine Ranke, nicht Reuß – über eine Urkunde, die er nie gesehen, den Stab brechen konnte.

Der auf diese Weise gegen das Komité erhobene Angriff durfte schon im Interesse der historischen Wahrheit nicht stillschweigend hingenommen werden. Und nachdem ich sah, daß die hervorragenderen Mitglieder der Kommission nicht Willens waren, in die Schranken zu treten, glaubte ich den Handschuh aufheben zu sollen; ich glaubte dies um desto getroster thun zu dürfen, da ich, als Dilettant, auch im schlimmsten Falle, also bei ungünstigem Ausgange des Kampfes, äußerst wenig oder gar nichts auf's Spiel zu setzen hatte."[64]

Nun wurde der „fachhistorische" Gegner Reuß über verschiedene österreichische Presseorgane wiederholt von Doleschall aufgefordert, die ihn zu seinen gewagten Behauptungen etwa berechtigenden Gründe, zumindest aber jene Stelle bei Leopold von Ranke anzugeben, wo er über die angeblichen Honterus-Abschriften vom Luthertestament gelesen haben wollte. Hierzu Doleschall:

„Unser Widerpart würdigte mich indessen keiner Entgegnung; er hüllte sich trotz meiner wiederholten Aufforderung in ein räthselhaftes Schweigen. Aber je beharrlicher er schwieg, desto lauter redeten die Organe der öffentlichen Meinung, die die Reuß'sche Erklärung mit einer Hast aufgriffen, die nur derjenigen zur Seite gestellt werden kann, mit welcher sie kurz vorher den Kommissionsbericht kolportiert hatten. – Und die gegnerischen Behauptungen fielen auf äußerst empfänglichen Boden; das Zünglein der Wage neigte sich immer mehr zu Heidelbergs Gunsten, und sogar wissenschaftliche, ruhig denkende Blätter brachen, geblendet wahrscheinlich durch Rankes Autorität, in das Urtheil aus: ‚Es bleibt also dabei; das einzige von Luther eigenhändig geschriebene Testament befindet sich gegenwärtig in der Heidelberger Bibliothek, wo es auch jetzt den Besuchern unter Glas und Rahmen gezeigt wird.' "[65]

Ob man aber in der Heidelberger Bibliothek davon wußte?

Dem Oberbibliothekar Professor Dr. Zangemeister war nichts bekannt, denn seine auf Doleschalls persönliche Anfrage hin geschickte Antwort lautete:

„Auf Ihre Anfrage beehre ich mich Ihnen ergebenst zu erwidern, daß das Originaltestament Luther's sich nicht in der hiesigen Universitätsbibliothek befindet und speciell also auch nicht den Besuchern unter Glas und Rahmen gezeigt wird."[66]

Zu gleicher Zeit wie nach Heidelberg wandte sich Doleschall auch an Leopold von Ranke. Auch dieser ließ nicht lange auf die Antwort warten:

„Ich muß bekennen, daß ich mich gar nicht darauf besinnen kann, über Luthers Testament mich *jemals* in einer meiner Schriften ausgesprochen zu haben. Einer meiner Freunde hat sich die Mühe genommen, an den Stellen, an welchen die Rede davon sein könnte, nachzusuchen, hat aber nichts gefunden."[67]

Nichts von einem Original und folglich nichts von Kopien! „Und wie hätte auch ein Ranke eine Behauptung aufstellen können, die das Gepräge der höchsten Unwahrscheinlichkeit, ja Unmöglichkeit auf der Stirne trägt!", argumentiert Doleschall und fährt fort:

„Ob Honter Luthers Schüler gewesen oder nicht, mag immerhin als offene Frage gelten, das Eine indessen ist über jeden Zweifel erhaben, daß er im Jahre 1549 nach Deutschland keine Reise unternehmen konnte. Johannes Honter beschloß bereits am 23-ten Jänner des benannten Jahres sein thatenreiches Leben, daß es aber im 16-ten Jahrhunderte möglich gewesen wäre innerhalb 23 Wintertagen aus dem östlichen Siebenbürgen nach Wittenberg zu reisen, dort seine Geschäfte zu besorgen, von einem ziemlich umfangreichen Dokument einige Abschriften, wohlgemerkt Faksimiles, zu nehmen und sodann noch in das äußerst entlegene Kronstadt zurückzukehren, das wird doch auch die kühnste Phantasie nicht behaupten wollen. Und... zugegeben, er habe die fraglichen Abschriften... 1548 genommen (1547 hätte er sich kaum nach Deutschland gewagt), was ist aus diesen Kopien, die er nach Siebenbürgen überbracht haben soll, geworden? Woher kommt es, daß sich auf diese immerhin interessanten Dokumente Niemand beruft? Und welchem Wunder ist es zu verdanken, daß... gerade bloß das Budapester Exemplar vor Untergang gerettet wurde,... welches... auch nicht aus der Heimath Honters, sondern... gerade aus der entgegengesetzten Weltgegend nach Ungarn gelangte. So stellt sich denn die Behauptung von Honteruskopien als leere Hypothese heraus..."[68]

Es ist wohl nicht verwunderlich, daß Doleschall gespannt war, zu erfahren, wer denn dieser erst so freche, dann so schweigsame „Historiker vom Fach" gewesen sei und was er mit seinem Angriff auf den Pester Kirchenausschuß im Schilde geführt habe. Da ihm aber weder das „Wiener Fremdenblatt" noch ein anderes Presseorgan eine Antwort gab und da man zudem den Namen Karl Reuß weder in den zeitgenössischen noch in den späteren Lexika findet, liegt der Verdacht nahe, daß es sich bei Karl Reuß um einen Decknamen handelt und mit der ganzen Angelegenheit um ein falsches Spiel, in dem es gar nicht um das Luthertestament ging, sondern um das politische Verhalten der Fachexperten. Immerhin verdanken wir diesem echten oder falschen Reuß, daß das Luthertestament an die Öffentlichkeit kam.

1879 erschien am 28. September in der „Pesti Hírlap" (Pester Zeitung) eine von Vilmos Győry angefertigte ungarische Übersetzung vom Testament, 1880 zum Reformationstag in der „Leipziger Illustrierten Zeitung" der vollständige deutsche Text. 1881 wurde es in Alexander Doleschalls oft zitierter Arbeit über den Weg des

Testaments von Wittenberg nach Budapest gleich in zwei Auflagen mit je einer Faksimilebeilage gedruckt.

Seitdem ist es – von vereinzelten Publikationen abgesehen – still um das viel gewanderte Dokument, das in einer Stahlkassette in der Tiefe eines Safes ruht.

Ein geheimer Versuch

Selten und nur berühmten Fachleuten oder hochgestellten ausländischen Gästen zuliebe wurde das denkwürdige Schriftstück aus seinem von evangelisch-lutherischen Archivaren wohlbehüteten Versteck hervorgeholt. Gar selten, wie etwa zur Vierhundertjahrfeier der Reformation, gedachten seiner gelehrte Kirchenhistoriker in von Tradition geprägter frommer Verehrung.

Und da begann sich wenige Jahre vor dem Zweiten Weltkrieg plötzlich etwas zu regen. Ganze fünf Jahre hindurch wurden vertrauliche Briefe gewechselt, inkognito Reisen gemacht, diskrete Weisungen erteilt.

Anfangs wußte darüber außer einem österreichischen und einem deutschen Experten und später einem Dutzend Politiker und Diplomaten des Dritten Reiches kaum jemand etwas.

In das hier nun zum ersten Mal vorliegende vollständige Schriftenmaterial jenes streng vertraulichen Briefwechsels hat bis jetzt niemand Einblick genommen außer den Direktoren der Wittenberger Lutherhalle, deren dankeswertem Entgegenkommen zufolge es nun als bislang letztes Kapitel zu dem höchst spannenden Abenteuerroman eines Vermächtnisses an die Öffentlichkeit kommen darf.

Mit dem Vermerk „Streng vertraulich!" begann am 26. August 1936 der damals siebzigjährige Hofrat Dr. Hermann von Trenkwald in seiner Maria-Enzersdorfer Wohnung bei Wien einen Brief. Der Vater des vornehmen alten Herrn, ein Deutschböhme, wurde noch in Prag geboren, dann von Franz Joseph in den österreichischen Adelsstand erhoben und an der „Akademie der Bildenden Künste" zum Professor ernannt. Die Stiefmutter, die ihn von klein auf erzog, war eine Gräfin Thun, die Nichte des ehemaligen Kultusministers Leo Thun.

Der sich stets mit Nebel umgebende, rastlose Mann promovierte an der Wiener Philosophischen Fakultät, war danach Jahrzehnte hindurch Museumsdirektor in Wien und richtete schließlich eine Kunstberatungsstelle in der Wiener Innenstadt am prächtigen altehrwürdigen Stock-im-Eisen-Platz ein.

„Hofrat Dr. Hermann von Trenkwald
Kunstberatungsstelle“

war auf den meisten seiner Briefköpfe zu lesen.

Oder aber:

„Hotel Excelsior, Berlin.“

In seinem Briefeingang kamen immer häufiger Umschläge mit folgendem Absender vor:

„Reichskanzlei
Berlin W 6, Voß-Straße 6,
z. Zt. Führer-Hauptquartier.“

Was hatte dieser Mann, dieser Wiener Hofrat und Vertraute der Umgebung Adolf Hitlers, mit Martin Luthers Testament zu tun?

Aus seinem ersten Brief an Professor Dr. Oskar Thulin, den damaligen Direktor der Lutherhalle in Wittenberg, erfahren wir es. In diesem Brief erbietet sich Trenkwald, das in Budapest aufbewahrte Luthertestament, von dem er in einer kleinen Schrift des ungarischen evangelisch-lutherischen Pfarrers Alexander Doleschall gelesen habe und von dem maßgebende Kreise wissen wollen, daß es derzeit feilgehalten werde, der Lutherhalle zu verschaffen. Um dies aber tun zu können, benötige er eine Ermächtigung vom Direktor der Lutherhalle mit etwa folgendem Wortlaut: „Bestätige Herrn Hofrat Trenkwald, M.-Enzersdorf, auf seinen Wunsch, daß die Lutherhalle für eine Erwerbung des Testaments von Luther großes Interesse hat.“ Wie aus diesem ersten Brief an Thulin hervorgeht, hatte Trenkwald mittels seiner auch von ihm selber in Anführungszeichen gesetzten „Kunstberatungsstelle“ freien Zutritt zu der Budapester deutschen Botschaft und ausgezeichnete Beziehungen zu Franz von Papen, dem damals unmittelbar dem „Führer“ untergebenen deutschen Botschafter in Wien. „Bei der gegenwärtigen politischen Situation wird... sich unsere Angelegenheit leichter durchführen lassen, als man vielleicht zunächst annimmt. Nützen wir diesen Umstand aus und gehen wir das Ziel gleich an!“ Zwei ähnliche Transaktionen – heißt es weiter – habe er bereits zur Zufriedenheit der beteiligten Partner glücklich hinter sich gebracht. „So bitte überzeugt zu sein, daß ich auch in unserem Falle den richtigen Weg mit Takt und Diskretion einschlagen werde...

Ich habe die Urkunde selbst in der Hand gehabt. Preisbestimmung und andere ‚geschäftliche' Details ergeben sich im Laufe der Verhandlungen. Bitte mich diese einleiten zu lassen. Wenn nötig habe ich auch in Berlin sehr hohe Verbindungen. Devisenschwierigkeiten sind in einem solchen Fall auch zu überwinden."

Am Tage, da er Trenkwalds Schreiben erhielt, nämlich dem 28. August 1936, schrieb Thulin aus Wittenberg einen recht lieben und offenherzigen Brief an Dezső Kuthy, den Generalsekretär der ungarischen evangelisch-lutherischen Kirche, mit welchem er ähnlich wie mit Baron Albert Radvánszky, dem Generalinspektor, offenbar von früher her befreundet war. Er spielte auf eine frühere, halb scherzhaft getane Äußerung an, daß nämlich die ungarischen Lutheraner wohl daran täten, das Luthertestament geschenk- oder leihweise Wittenberg zu überlassen, damit es der Weltöffentlichkeit zugänglich gemacht werden könne. „Nun scheint aus irgendwelchen Gründen dieser Wunsch beinahe verwirklicht werden zu können. Sie können sicher sein, daß die Lutherhalle diesem Dokument einen Ehrenplatz anweisen würde. Freilich sind unsere Geldmittel, wie Sie wissen, sehr beschränkt. Aber ich möchte doch nicht versäumen, mich noch am gleichen Tage, an dem ich von dieser Möglichkeit gehört habe, mit Ihnen in Verbindung gesetzt zu haben."

Und ebenfalls am 28. August an den Wiener Hofrat: „Ich danke Ihnen für den Hinweis auf die Möglichkeit, das sich in Ungarn befindliche Testament Luthers zu erwerben... Unsere Geldmittel sind leider sehr beschränkt; umsomehr würde ich es begrüßen, wenn eine Übermittlung an die Lutherhalle möglich würde."

Zu den sogenannten Vermittlungsvorverhandlungen zog Trenkwald den ungarischen „Partner" nur ein einziges Mal, gleich am Anfang, hinzu. Wie man Trenkwalds am 13. Februar 1937 geschriebenem und ebenfalls mit „Vertraulich" vermerktem Brief an Thulin entnimmt, kam es zu einem als Zufall getarnten Treffen zwischen ihm und Baron Radvánszky im Rahmen eines beim Budapester deutschen Botschafter, Hans Georg von Mackensen, servierten Gabelfrühstücks. Als nach Tisch die Testamentsangelegenheit zur Sprache kam, hatte Trenkwald, obwohl der Baron keinerlei grundsätzliche Einwände erhob, den deutlichen Eindruck, daß die Ungarn sich weigern würden, auf diese Urkunde zu verzichten, es sei denn, man vermöge sie durch ein besonders hohes Preisangebot umzustimmen.[69]

Thulins Antwort kam ebenfalls schnell und war auch diesmal recht zurückhaltend: „Sehr geehrter Herr Direktor! Für Ihre freundlichen Bemühungen... danke ich Ihnen sehr. Ich fürchte nur, daß eine Summe, die der ungarischen Gemeinde, wie Sie schreiben, ein wirklicher Nutzen für ihre Aufgabe sein könnte, zur Zeit schwer aufzubringen sein dürfte. Ein solches Dokument hat, wie Sie selbst wissen,... wesentlich einen Liebhaberwert... Ich kann daher auch nicht einen sachlich richtigen Taxwert angeben, sondern nur sagen, daß ich versuchen könnte, von mehreren Stellen Beiträge zur Ankaufssumme zu erreichen, da der Lutherhallenetat größere Ankäufe nicht zuläßt. Wenn ich nun RM 5–10000,–[70] beschaffen könnte, so wird sicher die Erwartung der ungarischen Gemeinde noch höher gespannt sein... Ich nehme an, Ihre eigene auch. Da die ungarischen Lutheraner in Budapest ein Lutherdenkmal errichten wollen, käme eventuell irgendwelche Mithilfe, eventuell sogar volle Ausführung seitens eines deutschen Künstlers in Frage. Aber die ungarischen Herren, Baron Radvansky und Pfarrer Kuthy, die deswegen mit mir verhandelten, sind durch den nationalungarischen Widerhall dieses Planes bestimmt worden, doch eine Ausführung in Ungarn zu erwägen. Unter diesen Umständen halte ich eine Reise Ihrerseits nach Wittenberg noch für verfrüht, da die Erwartungen in Budapest wahrscheinlich höhere sind und ich zur Zeit keine anderen finanziellen Möglichkeiten sehe..."

In den darauffolgenden anderthalb Jahren drängte Trenkwald noch fünfmal auf eine persönliche Zusammenkunft mit Thulin, doch keines dieser fünf Schreiben würdigte Thulin einer Antwort. Dann kam das für Österreich so tragische, folgenschwere Schicksalsjahr 1938. Schon seit längerem war Trenkwald nach einem Mäzen auf der Suche, der das Luthertestament für die Wittenberger Lutherhalle kaufen sollte. Nun schien ihm die politische Lage für sein Geschäft günstiger denn je.

Trenkwalds Briefe schließen zu dieser Zeit schon durchgängig mit „Heil Hitler", und in seinem Herzen reift der kühnste seiner Pläne: Wie, wenn der „Führer" die Rarität kauft, um sie der Lutherhalle Wittenberg zu schenken?

Eines Tages kommt tatsächlich ein Beauftragter der Reichskanzlei, Schulte-Straathaus, nach Wien, und dem Wiener Hofrat Trenkwald gelingt es, ihn im Hotel abzufangen und ihm sein Vorhaben, nicht ohne Erfolg, auseinanderzusetzen.

Hitlers Beauftragter zeigt sich bereit, und nun scheint alles darauf anzukommen, daß Wittenberg den Budapestern durch ein möglichst unwiderstehliches Preisangebot die Entäußerung ihrer Lutherkostbarkeit schmackhaft mache, Budapest die Summe möglichst noch höher schraube und die Reichskanzlei, was ausbedungen wird, bezahle, denn je teurer die vermittelte Ware, desto einträglicher dem Vermittler das Geschäft.

Doch der Wittenberger Professor läßt anderthalb Jahre hindurch nichts von sich hören und bricht auch jetzt sein Schweigen nur, um zu erklären, daß für die geplante Aktion die Lage augenblicklich nicht geeignet sei. Thulin, der seine Freunde kennt und als Mitglied der Jury der für die Lutherstatue ausgeschriebenen Preisbewerbung sich oft in Budapest aufhält, weiß wohl, daß man in Ungarn niemals ernstlich daran denken würde, Luthers Testament zu veräußern.

Vielleicht war auch der Ausbruch des Zweiten Weltkriegs daran schuld, daß wieder eine anderthalbjährige Pause im Briefwechsel folgte. Im Oktober 1940 gelang es dann dem Wiener Hofrat, Thulin zu einer Zusammenkunft mit Botschaftsrat Roth am 28. des Monats zu überreden, welcher im Führerhauptquartier bei Albert (sic!) Bormann für sie vorsprechen sollte. Roth versprach, mit Bormann zu reden, was er denn auch tat. Am 29. Oktober schrieb Trenkwald – ebenfalls von seinem Berliner Hotel Excelsior aus – schon wieder an Thulin, damit dieser „ein Elaborat zwecks Gewinnung der finanziellen Unterstützung Hitlers" anfertige. Die Summe, um die Thulin darin den „Führer" für seine Lutherhalle angehen sollte, setzte Trenkwald auf 100 000 RM fest, aufs Zehnfache dessen, was Thulin drei Jahre vorher als oberste Grenze seiner Möglichkeiten bezeichnet hatte.

„Dieses Elaborat wollen wir beide unterzeichnen", heißt es weiter in Trenkwalds Brief an Thulin. „So bekäme Bormann eine schriftliche Unterlage für seinen Vortrag beim Führer. Ich habe noch eine Abschrift meines Auszuges aus der Geschichte des Luther-Testaments (nach Doleschall), die ich ihrem Elaborat beilegen würde. Alles weitere (die Verhandlungen mit dem ausw. Amt, die auf seine Initiative zurückgehen) werden wir Bormann mündlich mitteilen. Im Übrigen halte ich es für durchaus nicht ausgeschlossen, daß Bormann vorschlägt, wir sollten die Sache persönlich dem Führer vorschlagen, da mich der Führer kennt und mich und meine Frau erst vor 2 Jahren anläßlich einer Begegnung im Münchener Künstlerhaus begrüßt hat. Bei weniger gespannten Zeiten wäre ich dessen sogar sicher."[71]

Und tags darauf in einem nächsten Schreiben:

„Da unsre... Herzensangelegenheit nunmehr festere Formen annimmt, möchte ich einen Punkt berühren, der in natürlichem Zusammenhang mit der Durchführung steht... Ich habe in einem Brief vom 23. gl. d. darauf verwiesen, daß ich bisher alle meine Reisen in dieser Sache... auf meine Kosten übernommen habe und daß die finanzielle Abwicklung der Angelegenheit unter Hinweis auf frühere von mir durch die Kunstberatungsstelle eingeleitete und durchgeführte Transaktionen ähnlicher Art geregelt werden möge... Meine Kunstberatungsstelle ist... angemeldet bei der Reichskammer der bildenden Künste (Wien) und es kommt seit jeher bei allen derartigen Transaktionen die Berechnung einer Vermittlungsgebühr in Betracht. Die Gebühr beträgt 10%, in Einzelfällen noch mehr... Nebenbei sei noch bemerkt, daß ich in unserem Falle in Wien nicht allein bin... Ich hoffe, Sie nehmen es mir nicht übel, daß ich diese Frage schon jetzt offen Ihnen gegenüber behandelt habe. Sie läßt sich ja besser bei Gelegenheit besprechen und ich möchte bloß bemerken, daß ich auf dem Standpunkt stehe, daß diese Frage die Angelegenheit nicht erschweren soll... Sie wissen ja, wie sehr mir die Sache am Herzen liegt... Ich weiß auch, daß Sie meiner Lage alles entgegenbringen, aber allein darüber nicht entscheiden können... An einem wohlwollenden Entgegenkommen der Herren zweifle ich nicht. Die Freude, wenn die Transaktion glückt, wird ja eine große sein. Mit deutschem Gruß und mit Heil Hitler! Ihr ergebener Dr. v. Trenkwald."

Im Herbst 1940 war die Affäre Luthertestament somit beim Führer-Hauptquartier angelangt. Am 12. November 1940 erfuhr Trenkwald von Bormann, daß der Leiter der Reichskanzlei, Reichsminister Hans Heinrich Lammers, in eigener Person Anweisung für die finanzielle Deckung anfordern wolle, am 13. November hingegen von Roth, daß einerseits das Gesuch bereits im Ministerium für kirchliche Angelegenheiten angelangt, andererseits zur Deckung der mit Hitlers Gutheißung zu offerierenden Summe der durch Lammers verwaltete Fonds bestimmt worden sei, die Summe aber wahrscheinlich über das Auswärtige Amt gezahlt werde.

Es sah tatsächlich so aus, als dürfte man nunmehr in kürzester Zeit den Zuständigen der ungarischen evangelisch-lutherischen

Kirche die Riesensumme präsentieren. Nun war es aber der Kulturattaché der Budapester deutschen Botschaft, der einer raschen Abwicklung das erste Hindernis in den Weg legte, indem er Trenkwald bat, die Verhandlungen mit den ungarischen Kirchenmännern bis zum Februar 1941 aufzuschieben. Nun sah von Trenkwald, daß seine Freude verfrüht gewesen war. In seiner ersten Aufregung schrieb er folgenden Brief nach Wittenberg:

„Sehr geehrter Herr Professor Thulin [!] Wir sind eben im Begriffe, nach Wien zurückzufahren. Können unseren Aufenthalt in Berlin nicht länger ausdehnen, umsoweniger als Herr Bormann wieder verreist ist. Bin schon 4 Wochen in Berlin! Bitte, sorgen Sie dafür, daß das Minist. f. Kirchl. Angelegenheiten den Bericht des Auswärtigen Amtes bald befürwortend und eindrucksvoll beantwortet. Das ist ja auch für Reichsminister D. Lammers wichtig, wenn er sich Unterlagen holt für die Entscheidung: Der Führer und das Luther-Testament. Das Wichtigste ist jetzt der Entschluß des Führers!

Auf die Verlängerung des Termins, den die Deutsche Gesandtschaft in Budapest anzielt, brauchen wir wo[h]l keine besondere Rücksicht zu nehmen. Warum erst 1941?

Wir sprachen noch Minister D. Popitz, der uns sehr freundlich empfing. Ihn interessierte das Luther-Test., von dem ich ihm erzählte, sehr.

Mit besten Grüßen, auch von meiner Frau, u. in Erwartung, bald etwas von Ihnen zu hören

Ihr Trenkwald“

Am 3. Januar 1941 bestätigt die Reichskanzlei zum ersten Mal in einem Schreiben an Thulin, durch seine und von Trenkwalds verschiedentliche Eingaben Kenntnis erhalten zu haben, „daß für die Lutherhalle die Möglichkeit besteht, von der Ungarischen Evangelischen Kirche das Testament Luthers zu erwerben, und daß Sie es begrüßen würden, wenn der Führer Interesse an dem Ankauf nehmen und dies ... kundtun würde. Der Reichsminister läßt Ihnen mitteilen“, heißt es weiter, „daß er die Angelegenheit im Auge behalten und Ihnen zu gegebener Zeit weiteren Bescheid zukommen lassen wird.“

Am 21. Januar schickt Thulin dem Ministerialrat Dr. Du Mesnil, sich auf ein Eisenbahngespräch mit ihm beziehend, einen Durchschlag seines im November des Vorjahres für die Reichskanzlei angefertigten Elaborats[72] als Unterlage für Finanzminister Popitz.

Indessen spitzt sich das Verhältnis zwischen Thulin und Trenkwald mehr und mehr zu. Trenkwald, der sich zunächst abwartend verhielt, wirft dem Professor in einem verhältnismäßig kühlen Brief gewisse auf eigene Faust geführte Budapester Privatverhandlungen vor, die ihm wohl in Wien hinterbracht worden sind, die er aber Thulins Briefen zu entnehmen vorgibt.

In einem vom 21. Februar datierten Schreiben des Führer-Hauptquartiers lädt Oberregierungsrat Rabe Thulin zu sich, um mit ihm „hinsichtlich des in Aussicht genommenen Erwerbs des Testaments... im Auftrag des Herrn Reichsministers und Chefs der Reichskanzlei" einiges zu besprechen.

24. Februar: Der mittlerweile erkrankte Trenkwald teilt Thulin sein Vorhaben mit, sobald er wieder gesund ist, nach Budapest zu fahren, und tut sein großes Vertrauen auf die in Aussicht gestellte Hilfe des Ministeriums für kirchliche Angelegenheiten kund.

7. März: Thulin schreibt an Legationsrat Roth, zu den in Ungarn mit den lutherischen kirchlichen Behörden zu führenden Verhandlungen den Wiener Hofrat von Trenkwald nicht heranziehen zu wollen.

19. März: Roth gibt Thulin in gleicher Angelegenheit zu bedenken, daß von Trenkwald „auf Grund seiner früheren Bemühungen in dieser Sache hierauf großen Wert legt und möglicherweise gekränkt sein wird. Glauben Sie nicht, daß er durch seine persönlichen Beziehungen von Nutzen sein kann? Ich wäre Ihnen für eine Äußerung hierüber dankbar, ehe ich Herrn v. Trenkwald nochmals schreibe..."[73]

Am 24. April erörtert Thulin in einer aus der ungarischen Hauptstadt datierten Aufzeichnung den Umstand, daß in Wittenberg jährlich vierzigtausend Besucher, unter ihnen etwa dreitausend ausländische, dieses Kleinod der deutschen Reformation zu sehen bekämen, während es in Budapest in einem Geldschrank verwahrt liege. Am besten sollte man, meint er, den Ungarn eine zeitweilige Überlassung der Testamentsurkunde als Dauerdepositum vorschlagen. Die feierliche Übergabe der Urkunde könnte in Wittenberg eventuell in Anwesenheit des „Führers" erfolgen. Der ungarischen evangelisch-lutherischen Kirche müßte hingegen das Recht eingeräumt werden, bei eventueller Auflösung der seit 1883 existierenden Lutherhalle die als Dauerdepositum behandelte Urkunde zurückzuerhalten.

Am 21. Mai informiert Legationsrat Roth Thulin über einen Vorschlag, den ihm eine Woche zuvor von Trenkwald gemacht hatte, daß nämlich der deutsche Staat den Ungarn als Gegengabe für die Lutherhandschrift das in der Salzburger Landesbibliothek aufbewahrte Brevier des Esztergomer (Graner) Erzbischofs Georgius Pálóczi aus der Sigismund-Zeit (15. Jh.) anbieten sollte, welches für die Ungarn – besonders aber für Esztergom – ein rechter Schatz wäre. Von Trenkwald würde es, wie er behauptet, durchaus nicht an Verbindungen fehlen, das Erzbistum Gran zur Abwicklung dieses Geschäfts zu bewegen.

Am 27. Mai läßt Thulin einerseits Reichskirchenminister Hanns Kerrl, andererseits Legationsrat Roth wissen, daß im Sinne einer mündlichen Erklärung des Generalsekretärs Kuthy an Trenkwald zur Überlassung des Luthertestaments keine Möglichkeit bestünde. Allerdings habe hier nach dem in Kürze zusammentretenden Generalkonvent der Evangelischen Kirche A. K. in Ungarn noch das Präsidium das letzte Wort zu sagen.

Kuthys mündliche Mitteilung wirkte. Von Trenkwald schrieb keinen Brief mehr an Thulin. Daß die ungarische Kirche verneinen würde, stand nunmehr so gut wie fest.

Am 26. Juni 1941 wird endlich die wiewohl diplomatisch doch entschieden ablehnende Antwort auf ein sich über fünf Jahre hinziehendes Vorhaben abgefaßt. Generalinspektor Radvánszky und rangältester Bischof Dr. Béla Kapi teilen Thulin im Namen des Präsidiums der Ungarischen Evangelischen Kirche mit, sein Anliegen untersucht und diskutiert zu haben und mehreren Meinungen zufolge zu dem Schluß gekommen zu sein, daß die Jankovichsche Schenkungsurkunde eine Überlassung des Testaments in der gewünschten Form nicht ermögliche. Zu ruhigeren Zeiten könne man ja, heißt es zum Schluß, auf die Frage wieder zurückkommen.

Man hatte in jener Klausel der anderthalb Jahrhunderte zuvor aufgesetzten Schenkungsurkunde eine gute Begründung gefunden, daß nämlich der beschenkte Teil das ihm vermachte historische Kleinod nicht veräußern dürfe.

Damit war sowohl dem langen, geheimnisträchtigen Versuch als auch der kurzen, offenen Verhandlung ein Ende gesetzt.

An Stelle eines Epilogs

Wir sind im vorliegenden Buch den wichtigsten Hintergründen, Ereignissen, Begleit- und Folgeerscheinungen zur Geschichte des von Martin Luthers Willen und eigener Hand herrührenden Testaments nachgegangen. Selten findet sich ein Dokument mit so viel innerer und äußerer Spannung in seiner Geschichte. Sollten denn diese Spannungen die Ursache für das große Interesse sein, das es wie zur Zeit seiner Entstehung auch heute immer noch erregt?

Nicht sonderlich.

Etwa die autographische Beschaffenheit? Das Papier? Das Wasserzeichen? Die Schreibweise? All die Besonderheiten, die nur einigen Dutzend sich mit Luther befassenden Historikern und Theologen etwas zu sagen haben?

Mitnichten.

Was ist es aber, das dieser 440jährigen Handschrift besonderes Gewicht und ihren unvergleichlichen Wert verleiht?

Vor allem die Person des Urhebers.

Man hat es hier mit einem Stück seines Schaffens zu tun, das im ganzen, großen reformatorischen Werk untergebracht werden will, auch wenn es trotz eigener neuartiger Züge als selbständiger reformatorischer Akt den übrigen epochemachenden Werken keineswegs gleichgesetzt werden soll.

Das Rätsel dieses Dokuments läßt sich erst mit dem der lutherischen Reformation zusammen lösen. Wir wollen an Stelle eines Epilogs diesen Versuch wagen.

Wir haben eine Reihe von Generationen hinter uns, deren Gelehrte schon fasziniert waren von der geheimnisvollen Entstehung und Ausstrahlung der Reformation oder, um es anders zu sagen, von Luthers geschichtsformendem Auftreten. Auch heute fehlt es nicht an Analysen der ökonomisch-sozialen Voraussetzungen und der politischen Verhältnisse, in welchen die Reformationsidee die Oberhand gewinnen konnte.

Was aber Martin Luthers Testament durch seine Neuartigkeit in Ton, Inhalt und Form andeutet, geht über diese Grenzen hinaus. Was Luthers neue Erkenntnisse für das mittelalterliche Kirchenvolk Europas brachten, war ein aus den Tiefen einer Erfurter und einer Wittenberger Klosterzelle mit unwiderstehlicher Kraft hervorbrechender Freiheitswille. Die Kasteiungen des schmächtigen Augustinermönchs und seine von diesen nicht zu trennende Suche nach Gott waren sinnbildlich für die unter dem Joch des mosaischen Gesetzes seufzende, mit allerlei Aberglauben belastete mittelalterliche Kirche.

Da gab es keine irdische Kraft, diesen Krampf zu lösen, kein klösterliches Kerzenlicht, um das Dunkel der Angst zu erhellen. Selbst die ausschweifende Lebensfreude der Renaissance vermochte das Gefühl des Geknechtetseins nicht zum Schweigen zu bringen. In einer Tischrede zum Jahre 1512, als er den Doktorhut erhielt, bekennt Luther selbst, das Evangelium damals noch nicht gekannt und vor Ausdrücken wie „gerecht" oder gar „die Gerechtigkeit Gottes" eine höllische Angst empfunden zu haben.

Und wie hängt dies alles mit dem dreißig Jahre später aufgesetzten Testament zusammen? Das Wittenberger „Turmerlebnis" sprengte die Gitter um ihn herum, stieß die kleinen Fenster der Klosterzelle auf, ließ frische Luft in den Raum strömen, in den Raum und auf sich selber und durch sich selber auf Millionen: die Luft der Freiheit, der Gerechtwerdung, der Befreiung und Erlösung. Wie im Tropfen das ganze Meer, so ist im Testament des Reformators die Reformation enthalten.

So wollte und konnte die neue Idee die reaktionären Schranken von Kirche und Gesellschaft durchbrechen. Luthers Gott war nicht mehr der zürnende, strafende und gestrenge Herr von gestern, vielmehr der sich in Liebe herabneigende himmlische Vater, der durch die eine, einzige, vollkommene Opfertat Jesu, die jedes andere Opfer überflüssig macht, sich mit der Welt versöhnt hat.

So machte sich die europäische Christenheit mit ihren Mönchen und Nonnen zur Bejahung eines neuen Weges frei von Papst, Bischöfen, Schutzheiligen, an die sie bis dahin gebunden war. Der neue Weg aber führte über die Jahrhunderte der Selbstverwirklichung der Menschen und einer größeren Gleichheit unter ihnen entgegen.

Die mittelalterliche Lehre von einer durch gute Werke zu verdienenden Gerechtwerdung hatte unter anderem zur Folge, daß die letztwilligen Verfügungen von den Gläubigen oft zugunsten der Kirche getroffen wurden. Fromme Stiftungen wurden gemacht, selbst wenn dadurch den Donatoren anvertraute Personen zu kurz kamen. Luther aber wußte, „Gott macht Sünder gerecht", indem er Gnade statt Gerechtigkeit walten läßt, damit der so befreite Mensch seinen irdischen Pflichten besser nachkäme, für die ihm Anvertrauten besser sorgte.

Luther wollte in seinem Testament nicht seinen Gott beschenken, wollte nicht Gott aussöhnen – wäre dies doch weder nötig noch durch menschliche Tat möglich gewesen –, sondern für seine ihm anvertrauten Lieben, für seine Familie sorgen.

Luther schuf eine neue Frömmigkeit, deutete die Begriffe Ehe, Weib, Familienmoral um. Wie die ganze lutherische Lehre ist auch das Testament von einer gleichsam modernen Lebensanschauung durchwoben.

Lag dies denn nicht am neuen Lebenswandel, als er, der Augustinermönch, sich weltlich kleidete und sich statt mit Klostermauern mit Weib und Kindern und Familienglück umgab? Schon. Doch dahinter steckt jene neue Erkenntnis, die jahrhundertealte Dogmen umdeuten und uralte Thesen in Frage stellen ließ.

Indem Luther nämlich das menschliche Gewissen durch seine reformatorische Lehre befreite, erhöhte er zugleich die Verantwortung der einzelnen Person. Aus diesem Grund ließ er sich herab, nicht nur am Papsttum, sondern auch am weltlichen Juristentum Kritik zu üben. Aus diesem Grund hatte er Worte – und zwar weittragende, richtungsweisende Worte – für durchaus irdische Dinge bereit, wie wir sehen, wenn im Testament von Vormündern, Rechtsanwälten, Erbrecht, Gönnergunst usw. die Rede ist. Es sind Jahrzehnte hindurch gesammelte soziale, juristische, politische, ökonomisch-praktische Erfahrungen, die in seinem Testament Ausdruck fanden, das somit zum ungewollten Zeugnis einer andersartigen, weiteren und für seine Zeit freieren Sicht seines Urhebers geworden ist.

Ähnlich hebt Luther in seinem Testament auch die mittelalterlichen Dogmen zum Ehe- und Familienleben auf. Nach reformatorischer Lehre gehören Ehebund und Sexualität nicht der Heils-, sondern der Schöpfungsgeschichte an. Die Auffassung der Ehe als Sakrament ist Folge des Mißverstehens einer Bibelstelle. Auch den

1. Eisleben. Luthers Geburtshaus

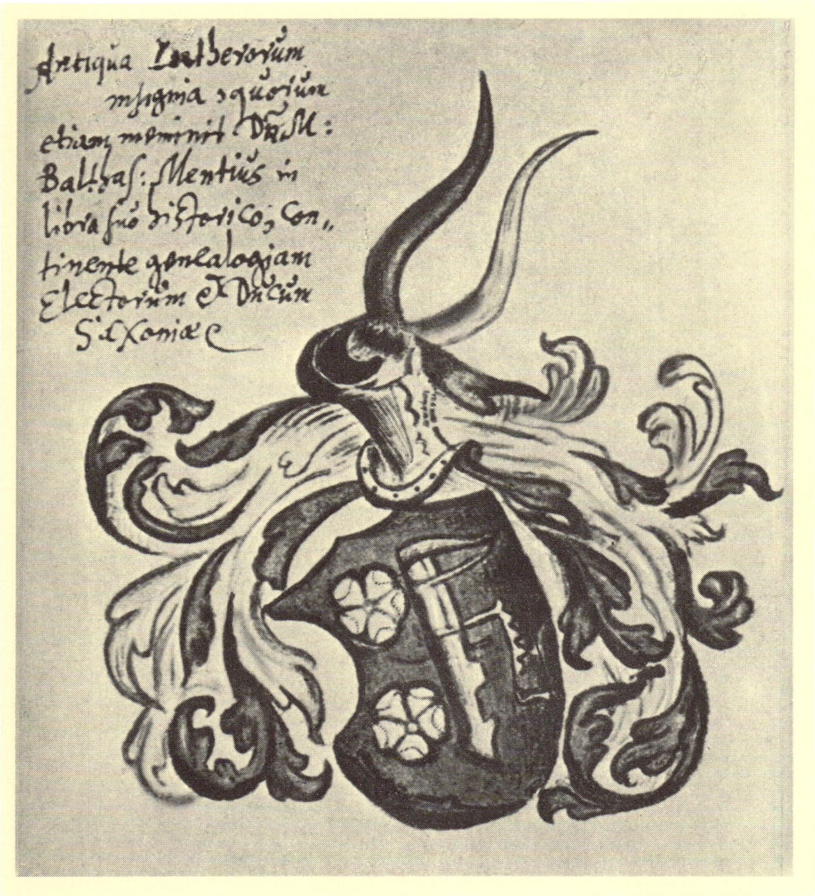

2. Wappen der Familie Luther
3. Burg und Stadt Mansfeld
(Kupferstich von Merian, um 1650)

4. Wittenberger Stadtsiegel (um 1550)
5. Wittenberg (Holzschnitt von H. M. Deutsch, um 1550)

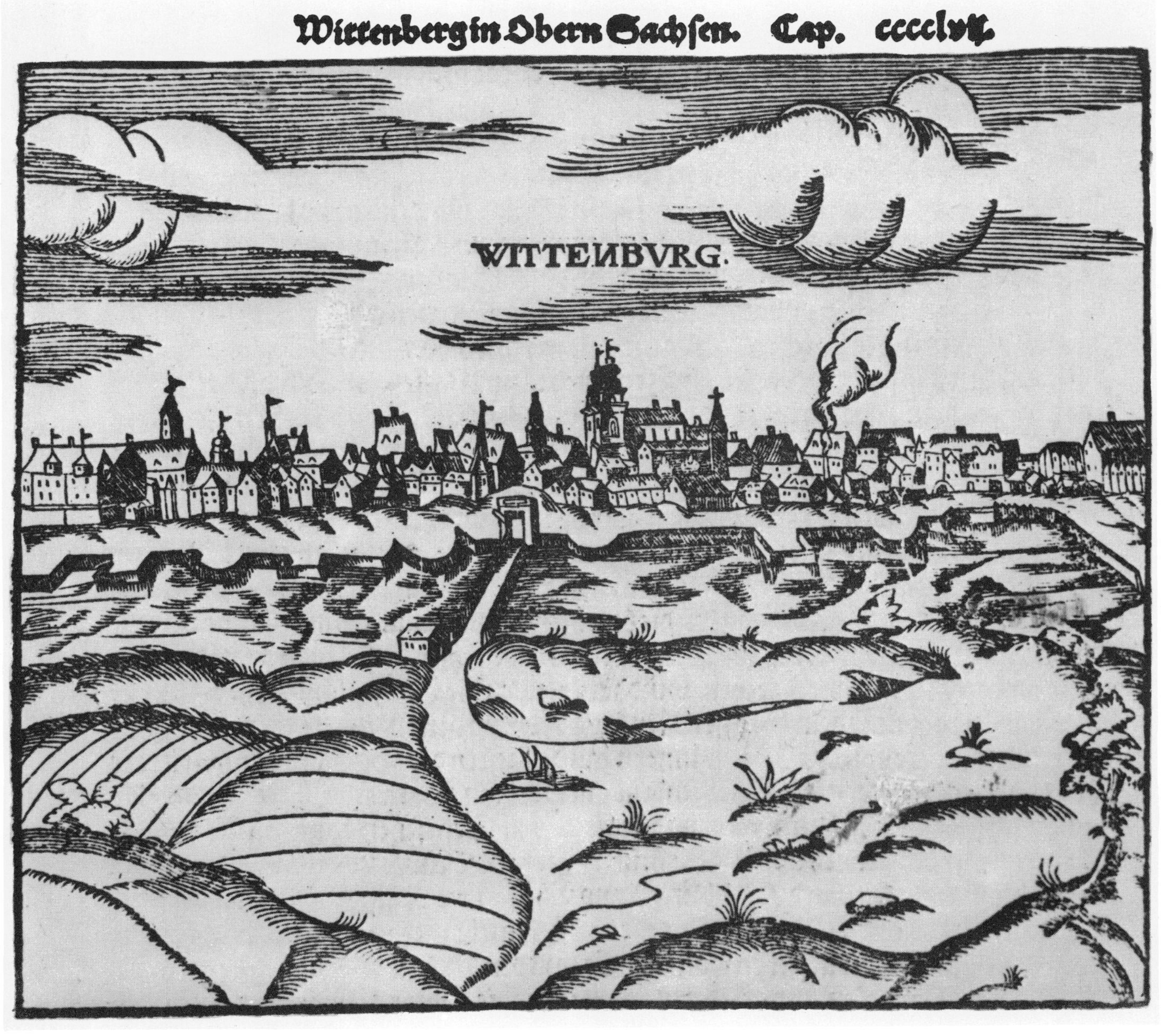

6. Zwei Klosterfrauen (F. Bruns Kupferstich aus der 2. Hälfte des 16. Jahrhunderts)
7. Zwei Mönche (F. Bruns Kupferstich aus der 2. Hälfte des 16. Jahrhunderts)

8. *Martin Luther als Mönch (Kupferstich von Lucas Cranach d. Ä., 1520)*

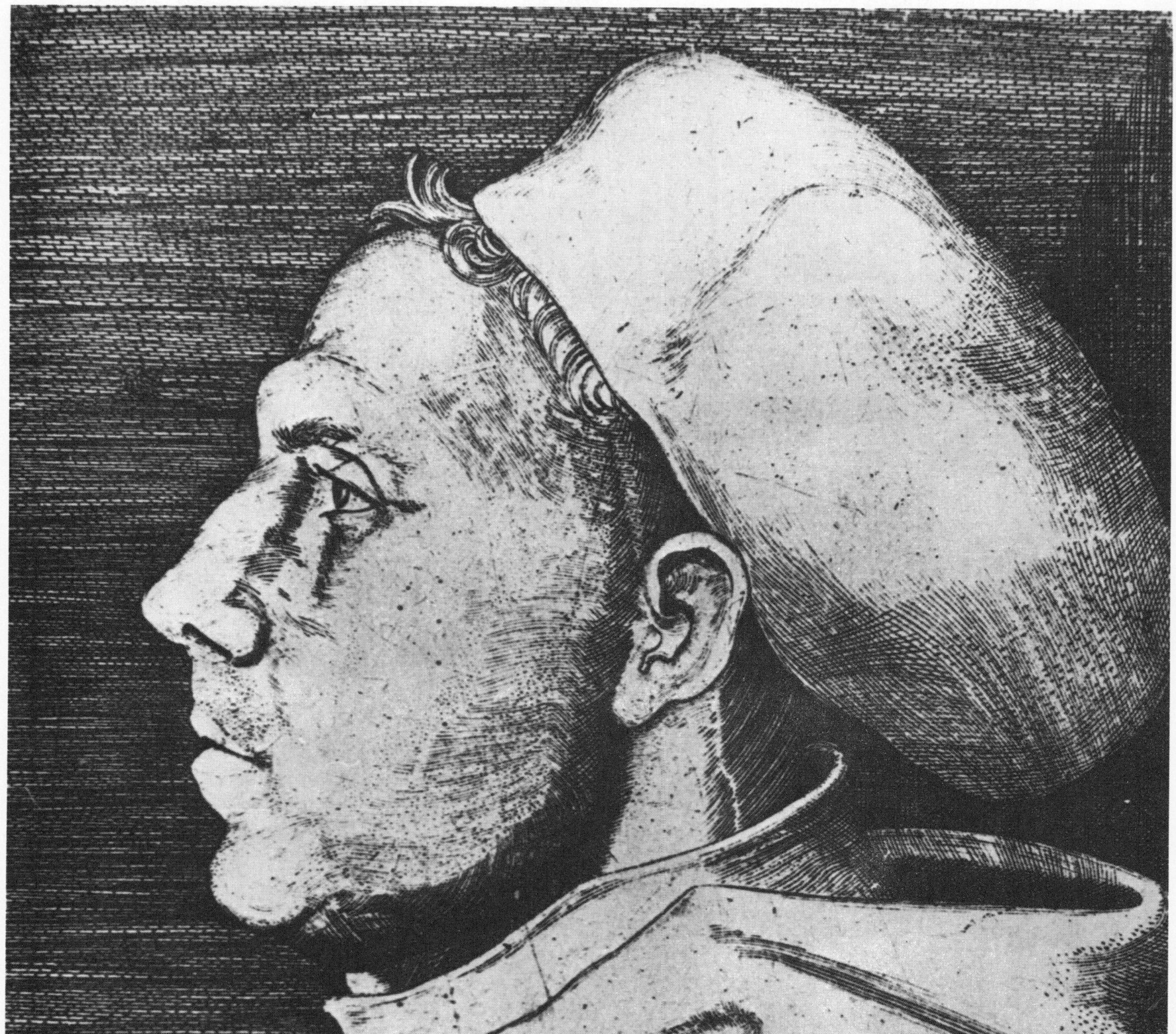

9. Martin Luther als Doktor der Theologie (Kupferstich von L. Cranach d. Ä., 1521)

10. *Katharina Luther geb. von Bora (L. Cranach d. Ä., 1525)*

11. *Wittenberg, Lutherhaus (Kupferstich von Gottfried Arnold Lehmann, um 1800)*

12. *Wittenberg, Lutherhaus, Nordseite (Lutherhalle)*

13. *Katharinenportal am Wittenberger Lutherhaus (1540)*

14. *Sandsteinreliefs am Katharinenportal: Luther und die Lutherrose*

15. Wittenberg, Markt und Stadtkirche
16. Kurfürst Johann Friedrich
der Großmütige von Sachsen
(Kupferstich von G. Pencz, 1543)
17. Martin Luther
(Ölgemälde von L. Cranach d. Ä., um 1540)

18. Martin Luthers Kampf um den rechten Glauben (Allegorie von H. S. Beham. Holzschnitt aus der 1. Hälfte des 16. Jahrhunderts

19. Der siebenköpfige Luther (wahrscheinlich ein zeitgenössisches Spottbild von H. Brosamer. Holzschnitt)

20. Martin Luther (Ölgemälde von L. Cranach d. J., 1543)

21. *Luther als Sankt Hieronymus (Kupferstich von W. Stuber aus dem letzten Drittel des 16. Jahrhunderts)*

22. *Philipp Melanchthon (nach einem Kupferstich von Albrecht Dürer)*

23. *Martin Luther und die Reformatoren als Jünger Jesu beim Abendmahl dargestellt (Altarbild L. Cranachs d. J. in der Dorfkirche zu Dessau-Mildensee, 1565)*

LUTHER

24. Eisleben, Luthers Sterbehaus
25. Luthers Schlafzimmer im Sterbehaus

26. Luthers Totenmaske (Lutherhalle, Wittenberg)

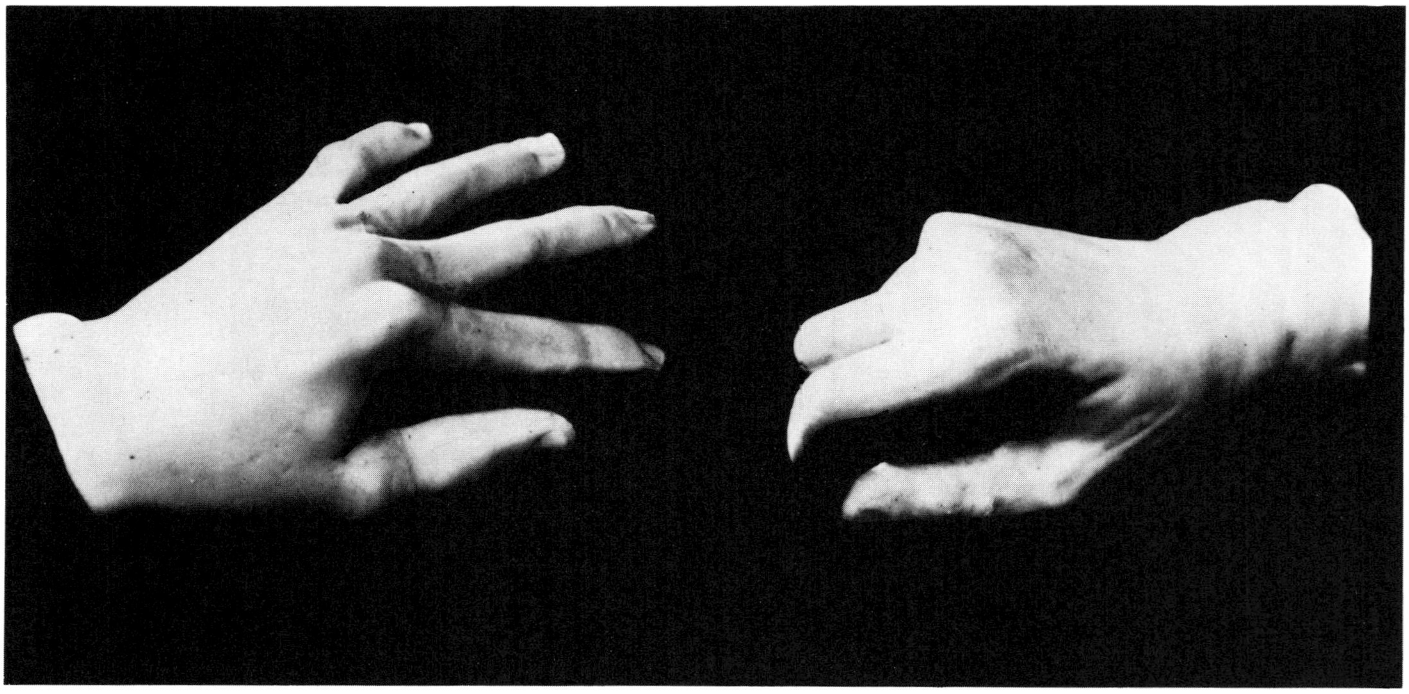

27. Wachsabdruck der Hände des toten Luther (Lutherhalle, Wittenberg)

28. *Wittenberg, Schloßkirche, von Südosten*

HANC
D·MARTINI LVTHERI
TABVLAM·SEPVLCRALEM AD INSTAR
ARCHETYPI ACCVRATISSIME EXPRESSAM
PIETATIS CAVSA DEDICAVERVNT

MARTINI LVTERI · S · THEOLO.
GIÆ·D·CORPVS·H·L·S·E·QVI
AN·CHRISTI·M·D·XLVI·XII·
CAL·MARTII, EYSLEBII IN PA.
TRIA·S·M·O·C·V·ANN·LXIII·
·M·II·D·X·

29. Martin Luthers Grab in der Schloßkirche
30. Martin Luthers Grabplatte (Bronze, 16. Jahrhundert)
31. Miklós von Jankovich, durch den das Testament nach Ungarn kam

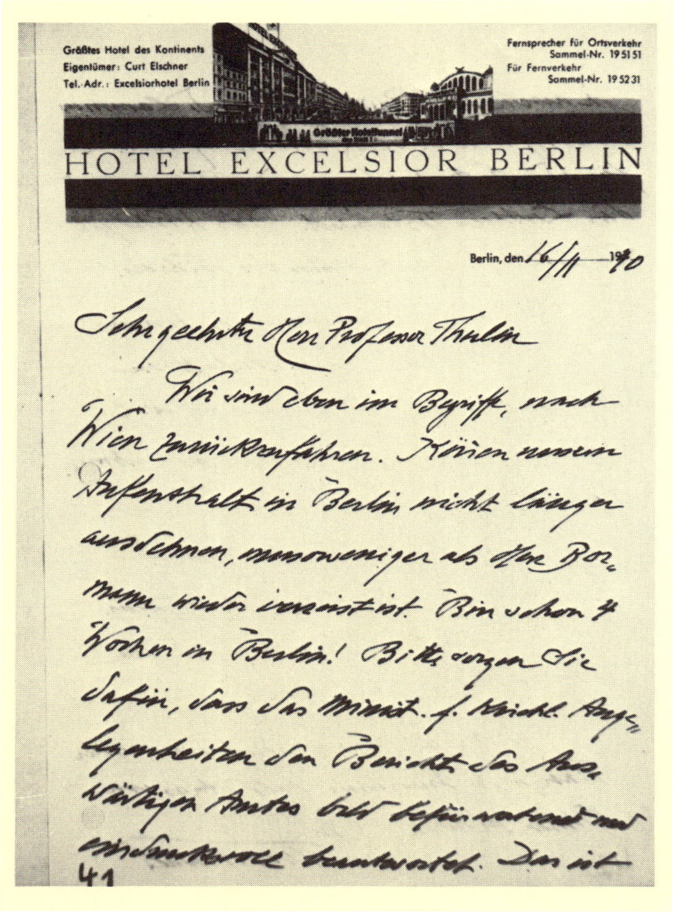

Größtes Hotel des Kontinents
Eigentümer: Curt Elschner
Tel.-Adr.: Excelsiorhotel Berlin

Fernsprecher für Ortsverkehr Sammel-Nr. 19 51 51
Für Fernverkehr Sammel-Nr. 19 52 31

HOTEL EXCELSIOR BERLIN

Berlin, den 16/11 1940

Sehr geehrter Herr Professor Thulin

Wir sind eben im Begriff, nach Wien zurückzufahren. Können unseren Aufenthalt in Berlin nicht länger ausdehnen, umsoweniger als Ihre [illegible] wieder [illegible] ist. Bin schon 4 Wochen in Berlin! Bitte sorgen Sie dafür, dass das Minist. f. kirchl. Angelegenheiten den Bericht des Auswärtigen Amtes bald befürwortend und [illegible] beantwortet. Das ist

41

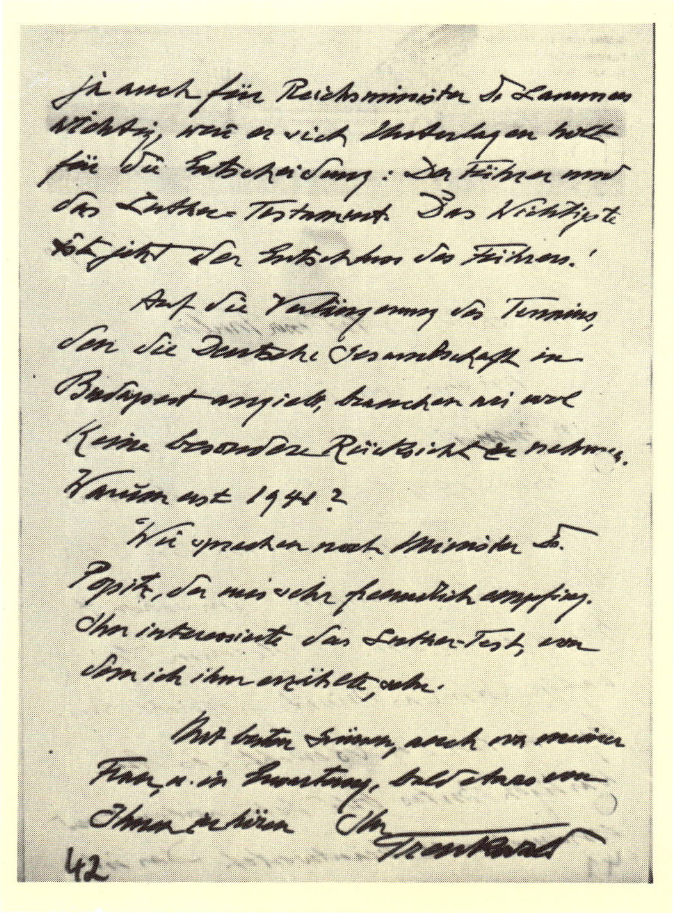

ja auch für Reichsminister Dr. Lammers wichtig, wenn er sich Unterlagen holt für die Entscheidung: Der Führer und das Luther-Testament. Das Wichtigste ist jetzt der Entschluss des Führers!

Auf die Verlängerung des Termins, den die Deutsche Gesandtschaft in Budapest ansieht, brauchen wir wol keine besondere Rücksicht zu nehmen. Warum erst 1941?

Wir sprachen noch Minister Dr. Popitz, der mich sehr freundlich empfing. Ihn interessierte das Luther-Test., von dem ich ihm erzählte, sehr.

Mit besten Grüssen, auch von meiner Frau, u. in Erwartung, bald etwas von Ihnen zu hören Ihr Trenkwald

42

32.–33. *Trenkwalds Brief an Oskar Thulin (16. November 1940)*

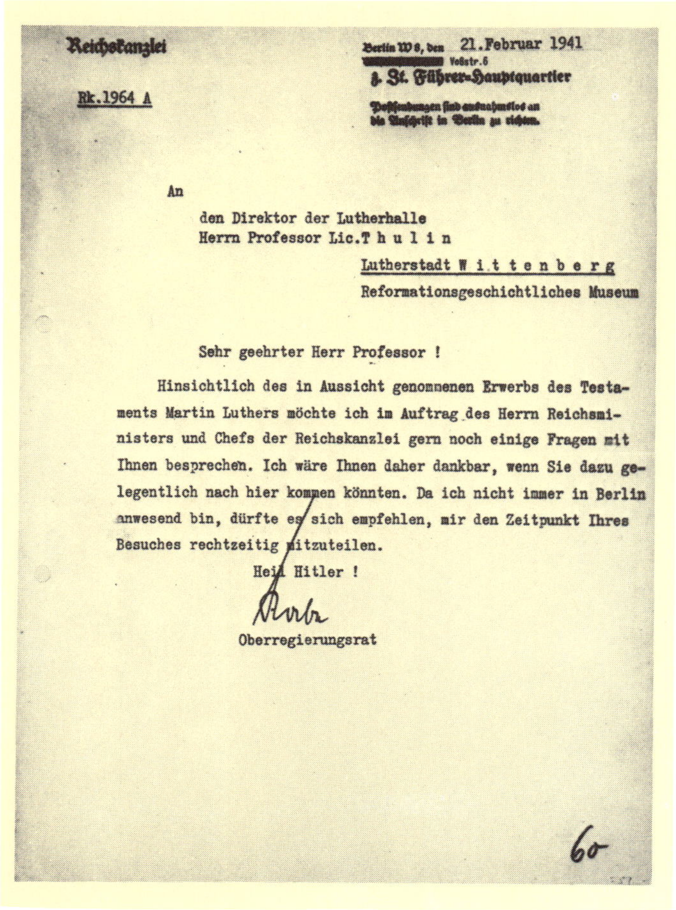

Reichskanzlei

Berlin W 8, den 21.Februar 1941
Voßstr.6
z. Zt. Führer-Hauptquartier

Postsendungen sind ausnahmslos an die Anschrift in Berlin zu richten.

Rk.1964 A

An
den Direktor der Lutherhalle
Herrn Professor Lic. T h u l i n
Lutherstadt W i t t e n b e r g
Reformationsgeschichtliches Museum

Sehr geehrter Herr Professor !

Hinsichtlich des in Aussicht genommenen Erwerbs des Testaments Martin Luthers möchte ich im Auftrag des Herrn Reichsministers und Chefs der Reichskanzlei gern noch einige Fragen mit Ihnen besprechen. Ich wäre Ihnen daher dankbar, wenn Sie dazu gelegentlich nach hier kommen könnten. Da ich nicht immer in Berlin anwesend bin, dürfte es sich empfehlen, mir den Zeitpunkt Ihres Besuches rechtzeitig mitzuteilen.

Heil Hitler !
Kritzinger
Oberregierungsrat

60

34. *Brief der deutschen Reichskanzlei an Oskar Thulin (21. Februar 1941)*

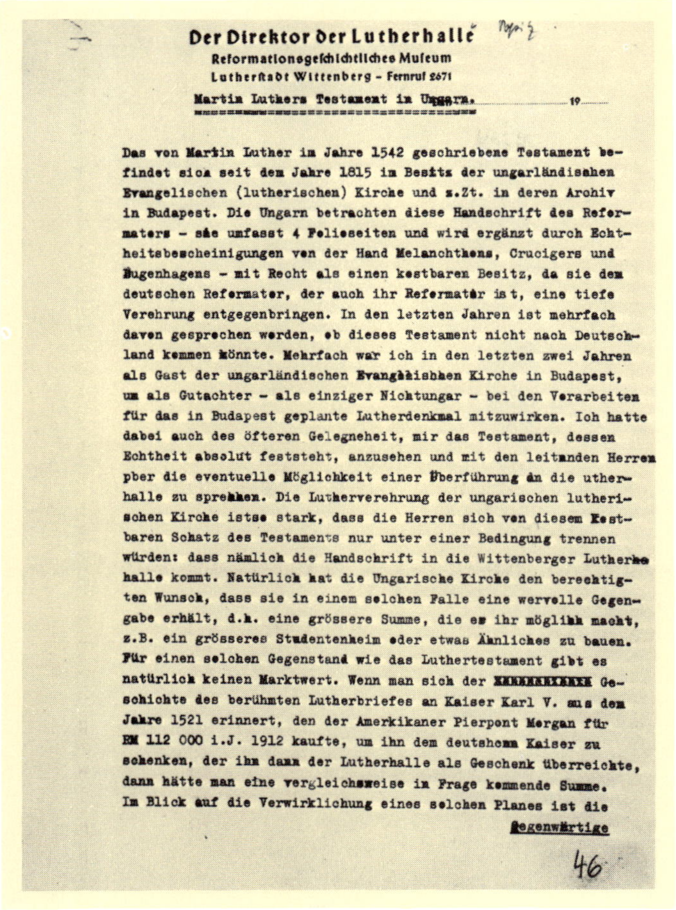

Der Direktor der Lutherhalle
Reformationsgeschichtliches Museum
Lutherstadt Wittenberg – Fernruf 2671

Martin Luthers Testament in Ungarn. 19

Das von Martin Luther im Jahre 1542 geschriebene Testament befindet sich seit dem Jahre 1815 im Besitz der ungarländischen Evangelischen (lutherischen) Kirche und z.Zt. in deren Archiv in Budapest. Die Ungarn betrachten diese Handschrift des Refermaters – sie umfasst 4 Folieseiten und wird ergänzt durch Echtheitsbescheinigungen von der Hand Melanchthons, Crucigers und Bugenhagens – mit Recht als einen kostbaren Besitz, da sie dem deutschen Refermater, der auch ihr Refermatar ist, eine tiefe Verehrung entgegenbringen. In den letzten Jahren ist mehrfach daven gesprochen worden, ob dieses Testament nicht nach Deutschland kommen könnte. Mehrfach war ich in den letzten zwei Jahren als Gast der ungarländischen Evangèlishhen Kirche in Budapest, um als Gutachter – als einziger Nichtungar – bei den Verarbeiten für das in Budapest geplante Lutherdenkmal mitzuwirken. Ich hatte dabei auch des öfteren Gelegneheit, mir das Testament, dessen Echtheit absolut feststeht, anzusehen und mit den leitanden Herren pber die eventuelle Möglichkeit einer Überführung an die utherhalle zu sprehhen. Die Lutherverehrung der ungarischen lutherischen Kirche istse stark, dass die Herren sich von diesem Kostbaren Schatz des Testaments nur unter einer Bedingung trennen würden: dass nämlich die Handschrift in die Wittenberger Lutherhe halle kommt. Natürlich hat die Ungarische Kirche den berechtigten Wunsch, dass sie in einem solchen Falle eine wervolle Gegengabe erhält, d.h. eine grössere Summe, die es ihr möglihh macht, z.B. ein grösseres Studentenheim oder etwas Ähnliches zu bauen. Für einen solchen Gegenstand wie das Luthertestament gibt es natürlich keinen Marktwert. Wenn man sich der XXXXXXXXXXX Geschichte des berühmten Lutherbriefes an Kaiser Karl V. aus dem Jahre 1521 erinnert, den der Amerkikaner Pierpont Morgan für RM 112 000 i.J. 1912 kaufte, um ihn dem deutshenn Kaiser zu schenken, der ihn dann der Lutherhalle als Geschenk überreichte, dann hätte man eine vergleichsweise im Frage kommende Summe. Im Blick auf die Verwirklichung eines solchen Planes ist die

gegenwärtige

46

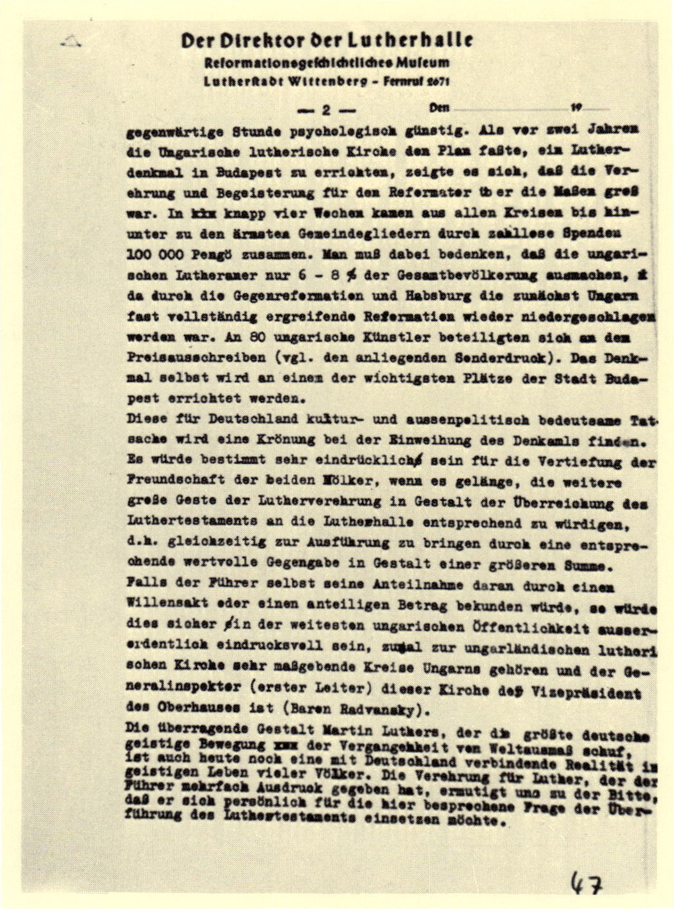

Der Direktor der Lutherhalle
Reformationsgeschichtliches Museum
Lutherstadt Wittenberg – Fernruf 2671

— 2 — Den 19

gegenwärtige Stunde psychologisch günstig. Als vor zwei Jahren die Ungarische lutherische Kirche den Plan faßte, ein Lutherdenkmal in Budapest zu errichten, zeigte es sich, daß die Verehrung und Begeisterung für den Reformater über die Maßen groß war. In kix knapp vier Wochen kamen aus allen Kreisen bis hinunter zu den ärmsten Gemeindegliedern durch zahllose Spenden 100 000 Pengö zusammen. Man muß dabei bedenken, daß die ungarischen Lutheraner nur 6 – 8 % der Gesamtbevölkerung ausmachen, da durch die Gegenreformation und Habsburg die zunächst Ungarn fast vollständig ergreifende Reformation wieder niedergeschlagen worden war. An 80 ungarische Künstler beteiligten sich an dem Preisausschreiben (vgl. den anliegenden Senderdruck). Das Denkmal selbst wird an einem der wichtigsten Plätze der Stadt Budapest errichtet werden.
Diese für Deutschland kultur- und aussenpolitisch bedeutsame Tatsache wird eine Krönung bei der Einweihung des Denkamls finden. Es würde bestimmt sehr eindrücklich sein für die Vertiefung der Freundschaft der beiden Völker, wenn es gelänge, die weitere große Geste der Lutherverehrung in Gestalt der Überreichung des Luthertestaments an die Lutherhalle entsprechend zu würdigen, d.h. gleichzeitig zur Ausführung zu bringen durch eine entsprechende wertvolle Gegengabe in Gestalt einer größeren Summe.
Falls der Führer selbst seine Anteilnahme daran durch einen Willensakt oder einen anteiligen Betrag bekunden würde, so würde dies sicher in der weitesten ungarischen Öffentlichkeit ausserordentlich eindrucksvoll sein, zumal zur ungarländischen lutherischen Kirche sehr maßgebende Kreise Ungarns gehören und der Generalinspekter (erster Leiter) dieser Kirche der Vizepräsident des Oberhauses ist (Baron Radvansky).
Die überragende Gestalt Martin Luthers, der die größte deutsche geistige Bewegung xxx der Vergangehheit von Weltausmaß schuf, ist auch heute noch eine mit Deutschland verbindende Realität im geistigen Leben vieler Völker. Die Verehrung für Luther, der der Führer mehrfach Ausdruck gegeben hat, ermutigt uns zu der Bitte, daß er sich persönlich für die hier besprochene Frage der Überführung des Luthertestaments einsetzen möchte.

47

35.–36. Gutachten Oskar Thulins zum Luther-Testament (1941)

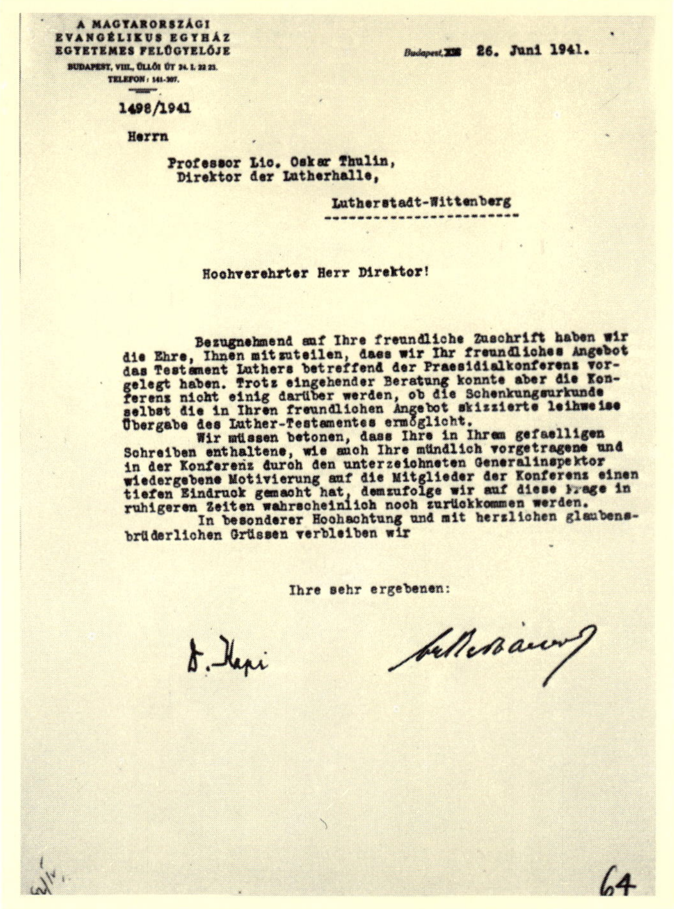

A MAGYARORSZÁGI
EVANGÉLIKUS EGYHÁZ
EGYETEMES FELÜGYELŐJE
BUDAPEST, VIII., ÜLLŐI ÚT 24. I. 22.23.
TELEFON: 141-307.

Budapest, 26. Juni 1941.

1498/1941

Herrn

Professor Lic. Oskar Thulin,
Direktor der Lutherhalle,

Lutherstadt-Wittenberg

Hochverehrter Herr Direktor!

Bezugnehmend auf Ihre freundliche Zuschrift haben wir die Ehre, Ihnen mitzuteilen, dass wir Ihr freundliches Angebot das Testament Luthers betreffend der Praesidialkonferenz vorgelegt haben. Trotz eingehender Beratung konnte aber die Konferenz nicht einig darüber werden, ob die Schenkungsurkunde selbst die in Ihren freundlichen Angebot skizzierte leihweise Übergabe des Luther-Testamentes ermöglicht.

Wir müssen betonen, dass Ihre in Ihrem gefaelligen Schreiben enthaltene, wie auch Ihre mündlich vorgetragene und in der Konferenz durch den unterzeichneten Generalinspektor wiedergebene Motivierung auf die Mitglieder der Konferenz einen tiefen Eindruck gemacht hat, demzufolge wir auf diese Frage in ruhigeren Zeiten wahrscheinlich noch zurückkommen werden.

In besonderer Hochachtung und mit herzlichen glaubensbrüderlichen Grüssen verbleiben wir

Ihre sehr ergebenen:

D. Kapi

64

37. Brief des Präsidiums der Ungarischen Evangelischen Kirche A. C. an Oskar Thulin vom 26. Juni 1941

38. Martin Luthers Wappensiegel mit der sogenannten Luther-Rose, verliehen von Kurfürst Friedrich dem Weisen

Eheschließungsakt an sich hielt Luther für „weltliches Geschäft“. Nach seiner Auffassung konnten nur die körperliche und seelische Lebensgemeinschaft zweier Menschen und die Fortpflanzung des menschlichen Geschlechts Zweck der Ehe sein. Für ihn war jeder Zwang zur Ehelosigkeit (Zölibat) gegen Gottes Willen.

Besonders schön spricht Luther verschiedentlich über die Gattentreue, die er aufgrund der engen physischen und seelischen Verbundenheit für den besten Schutz gegen jegliche Gefahr zu Zeiten von Konflikten, Enttäuschungen oder Krankheit hält. Mehrfach beteuert er auch, daß das Kranksein der einen Hälfte gute Gelegenheit für die andere zur selbstlosen Dienstleistung biete.

Mutterschaft hält Luther für die großartigste und edelste Aufgabe jeder Frau.

Keiner der Reformatoren wußte so viel und mit so viel Wärme wie Luther von Gattenliebe und Familienglück, ja sogar vom natürlichen Geschlechtsleben zu schreiben. Überdies bedeutete das Familienleben für ihn den ersten Ort der Vorbereitung der Kinder für das gemeinschaftliche Leben in der Welt. Damit aber, daß er, seiner Zeit weit voraus, sein Haus zugunsten seiner Frau bestellte, nahm er Jahrhunderte später erst aufkommende Emanzipationsversuche der beiden Geschlechter vorweg.

So gab der große Reformator und „Gottes Notar“ – sich der lähmenden Askesepraxis seiner Zeit widersetzend – seinen Zeitgenossen ihr wahres Menschentum und gutes Gewissen zurück.

Literaturverzeichnis

Bainton, Roland H.: Luther und sein Vater. *Zeitwende* 44 (1973), 324—404

Bainton, Roland H.: Luther und seine Mutter. *Luther* (1973), 123—130

Benczur, László, Fabiny, Tibor u. a.: A reformáció öröksége és kötelezése (Die Reformation als Erbe und Verpflichtung). Budapest 1968

Berlász, Jenő: Jankovich Miklós könyvtári gyűjteményeinek kialakulása és sorsa (Entstehung und Schicksal der Büchersammlungen des Miklós Jankovich). Az *Országos Széchényi Könyvtár Évkönyve,* 1970—1971. Budapest 1971

Boehmer, Heinrich: Der junge Luther. Leipzig [4]1951

Boehmer, Heinrich: Luthers Ehe. *Lutherjahrbuch* 7 (1925), 40—76

Deutschland im zweiten Weltkrieg. Hrsg. von einem Autorenkollektiv unter Leitung von Wolfgang Lehmann und Gerhart Hass. Bd. 1. Berlin 1974

Deutsches Geschlechterbuch, Bd. 50. Hrsg. von Burckhard Körner. Görlitz 1926

Doleschall, E. A.: Luthers Testament. Mit einer Photolithographie der Originalurkunde. Budapest, Wien, Leipzig [2]1881

Das dritte Reich. Seine Geschichte in Bildern und Dokumenten. 2 Bde. Hrsg. von Heinz Huber und Arthur Müller. München, Wien, Basel 1964

Eike von Repkow: Der Sachsenspiegel. In unsere heutige Muttersprache übertragen von H. Ch. Hirsch. Leipzig 1936

Erikson, Erik H.: Der junge Mann Luther. Hamburg 1950

Fabiny, Tibor: Luther Márton végrendelete (Das Testament Martin Luthers). *Evangélikus Élet* 32 (1967). Nr. 44

Fabiny, Tibor: Originaltestament Luthers. *Zeichen der Zeit* 21 (1967), 308 f.

Fabiny, Tibor: Luthers Originaltestament in Ungarn. *Standpunkt* 6 (1978), 277—279

Förstemann, Karl Eduard: Denkmale, dem Dr. Martin Luther von der Hochachtung und Liebe seiner Zeitgenossen ... Nordhausen 1846

Förstemann, Karl Eduard: Martin Luther's Testamente aus den Jahren 1537 und 1542, nebst urkundlichen Nachrichten über des letzteren Vollstreckung im Jahr 1546 und über Luther's Wittwe und Kinder, zur dritten Säkularfeier des Todes Luther's. Nordhausen 1846

Friedenthal, Richard: Luther. Sein Leben und seine Zeit. München 1967

Friedenthal, Richard: Das evangelische Pfarrhaus im deutschen Kulturleben. *Luther* 42 (1971), 1—15

Grisar, Hartmann: Luther. 3 Bde. Freiburg [3]1924/25

Gyapay, Gábor: Luther Márton végrendelete a Magyarországi Evangélikus Egyház tulajdonában van (Martin Luthers Testament ist im Besitz der Ungarischen Evangelischen Kirche A. C. In: *Evangélikus Élet* 24 (1959), Nr. 8

Gyöngyösi, Vilmos: Dr. Luther Márton végrendelete (D. Martin Luthers Testament). *Új Harangszó* (1946). 10. Februar
Győry, Vilmos: Luther Márton sajátkezüleg írt végrendelete (Martin Luthers eigenhändig geschriebenes Testament). *Pesti Hírlap* (1879). 28. September
Három história Luther Mártonról (Drei Historien über Martin Luther). Manuskript. Handschriftensammlung in Országos Széchényi Könyvtár. Quart. Hung. 107. Oct. Hung. 372.
Harnack, Adolf von: Martin Luther und die Grundlegung der Reformation. Berlin 1917
Hirschfeld, Georg von: Die Beziehungen Luthers und seiner Gemahlin, Katharina von Bora, zur Familie von Hirschfeld. *Beiträge zur sächsischen Kirchengeschichte* 2 (1883), 86—314
Kirsch, Peter Anton: Melanchthon's Brief an Camerarius über Luther's Heirath vom 16. Juni 1525. *Der Katholik* 80 (1900), 385—397
Koppen, Luise: Katharina von Bora, Luthers Frau. Bielefeld 1917
Kroker, Ernst; Katharina von Bora: Martin Luthers Frau. Berlin ^{15}1980
Köstlin, Julius — Kawerau, Gustav: Martin Luther. Sein Leben und seine Schriften. Berlin ^{5}1903
Das Lehnrecht des Sachsenspiegels. Hrsg. von Eckhardt, Karl August. Göttingen 1956
Leipziger Illustrierte Zeitung. 30. Okt. 1880
Lilje, Hanns: Martin Luther in Selbstzeugnissen und Bilddokumenten. Reinbek b. Hamburg 1976
Loewenich, Walther von: Luthers Heirat. *Luther* 47 (1976), 47—60
Ludolphy, Ingetraut: Katharina von Bora, die „Gehilfin" Martin Luthers. *Luther* 32 (1961), 69—83
M. Luther, Werke, Kritische Gesamtausgabe (Weimarer Ausgabe). Weimar 1883 ff. — WA Briefwechsel 1930 ff. — WA Tischreden 1912
M. Luther, dargestellt von seinen Freunden und Zeitgenossen J. Mathesius, Ph. Melanchthon, L. Cranach d. Ä., Hans Sachs u. a. Berlin 1933
Masznyik, Endre: Luther egyházszervező iratai (Luthers kirchenorganisatorische Schriften). Bd. VI. Budapest 1914
Mayer, Joh. Friedrich: Dissertatio de Catharina Lutheri coniuge, Hamburg ^{5}1718
Mayer Joh. Friedrich: Ehrengedächtnis der Katherina Lutherin. Frankfurt / Leipzig 1724
Meurer, Moritz: Katharina Luther, geborne von Bora. Leipzig ^{2}1873
Mühlhaupt, Erwin: Luthers Kampf mit der Krankheit. *Luther* 29 (1958), 115—123
Muncz, Frigyes: Luther végrendelete (Luthers Testament). *Evangélikus Élet* 15 (1950), Nr. 44
Das neue Luther-Nachkommenbuch 1525–1960. Hrsg. im Auftrage der Lutheridenvereinigung durch Martin Claren, bearb. von Ludwig Schmidt. Limburg 1960
Payr, Sándor: Luther sajátkezű végrendelete (Luthers autographes Testament). *Evangélikus Egyházi Élet* (1917), Nr. 48—49
Ránki, György — Pamlényi, Ervin — Tilkovszky, Lóránd — Juhász, Gyula: A Wilhelmstraße és Magyarország. Német diplomáciai iratok Magyarországról

1933—44 (Die Wilhelmstraße und Ungarn. Deutsches diplomatisches Schrifttum über Ungarn aus den Jahren 1933—44). Budapest 1968
Richter, David: Genealogia Lutherorum, oder Historische Erzehlung von D. Mart. Lutheri. Berlin 1733
Ritter, Johann Ludwig (Hrsg.): Feyer des dritten Jubelfestes der Reformation in Zöllsdorf, einem Vorwerke, das einst Martin Luther gehörte. Leipzig 1817
Seeberg, Reinhold: Luthers Anschauung von dem Geschlechtsleben und der Ehe und ihre geschichtliche Stellung. *Lutherjahrbuch* 7 (1925), 77—122
Seidemann, Johann Karl: Luthers Grundbesitz. *Zeitschrift für die historische Theologie* 30 (1860), 475—570
Sólyom, Jenő: Luther és Magyarország (Luther und Ungarn). Budapest 1933
Sólyom, Jenő: Luther Márton sajátkezűleg írt végrendeletéről (Über Martin Luthers eigenhändig geschriebenes Testament). *Evangélikus Élet* 29 (1964). Nr. 12
Shirer, William L.: The Rise and Fall of the Third Reich. A History of Nazi Germany (Aufstieg und Fall des Dritten Reichs. Geschichte des Nazideutschlands). London, 1962
Scheel, Otto: Dokumente zu Luthers Entwicklung. Tübingen [2]1929
Schubert, Christof: Die Berichte über Luthers Tod und Begräbnis. Weimar 1917
Varsányi, Mátyás: Isten embere. Dr. Luther Márton élete (Gottes Mann. Das Leben D. Martin Luthers). Budapest 1938
Vető, Ludwig: Vom Aufbau der Kirche in Ungarn. Berlin 1955
Wiczián, Dezső: Az elfelejtett testamentum (Das vergessene Testament). *Keresztyén Igazság* (1937). Nr. 10
Wiener genealogisches Taschenbuch. 1927/28. Bd. 2. Wien 1928
Zarncke, Lilly: Der Begriff der Liebe in Luthers Äußerungen über die Ehe. *Theologische Blätter* 10 (1931), 45—49

Anmerkungen

[1] Auf lateinisch in Aurifabers Abschrift: „Virgilium in Bucolicis nemo potest intelligere, nisi fuerit quinque annis Pastor. Virgilium in Georgicis nemo potest intelligere, nisi fuerit quinque annis Agricola. Ciceronem in epistolis (sic praecipio) nemo integre intelligit, nisi viginti annis sit versatus in Republica aliqua insigni. Scripturas sanctas sciat se nemo degustasse satis, nisi centum annis cum Prophetis, ut Elia et Elisaeo, Ioanne Baptista, Christo et Apostolis Ecclesias gubernarit... Wir sind Bettler. Hoc est verum, 16. Februarii Anno 1546." WA TR 5, 168, 27—35.

[2] ... Mitto vobis et aliis amicis pagellam continentem Pannonicas historiolas ab honestis viris scriptas, quorum integritas et fides nobis nota est. WA Br 11, 304, 7—9.

[3] ... Honestissima matrona coniunx vestra mittit medicamentum, quod petistis. Bene et feliciter valete! Die 18. Februarii. Reverendo D. Justo Jonae salutem opto, nam in mora esse tabellario nolebam. P. Melanth. WA Br 11, 304, 11—16

[4] Heute: Prešov (ČSSR).

[5] Heute: Alba Iulia (Rumänien).

[6] WA Br 11, 305 f.

[7] Caspar Cruciger (1504—1548), Wittenberger Gelehrter, leitete 1524—1528 das neuorganisierte Schulwesen in Magdeburg, sodann 1539 die Einführung der Reformation in Leipzig.

[8] Johannes Bugenhagen (1485—1558) war Luthers Beichtvater, ein Helfer seiner reformatorischen Tätigkeit, und wie Luther las auch er an der Universität.

[9] Hans Luther (1458—1530) und Margaretha Luther, geborene Lindemann (um 1463—1531); wie man in dem Nachwort von Heinrich Bornkamm zu Boehmers „Der junge Luther" liest, ist der „alte Streit, ob Luthers Mutter eine geborene Lindemann oder eine Ziegler gewesen sei", durch die Forschung von H. E. Matthes... „zugunsten der ältesten Überlieferung (Lindemann) entschieden worden" (4. Aufl. Leipzig 1951, 358).

[10] Georg Spalatin (1484—1545), Theologe, Hofkaplan, Hofrat und Geheimsekretär Friedrichs des Weisen, vermittelte zwischen dem Kurfürsten und Luther; später Superintendent in Altenburg.

[11] Vgl. WA Br 3, 394, 21—26.

[12] Originaltitel: De votis monasticis.

[13] Gabriel Zwilling (um 1487—1558), Prediger in Zwickau, später in Torgau.

[14] Wer das Märchen mit den entleerten Heringstonnen erfunden hat, in denen

die vornehmen Fräulein eng zusammengepfercht hätten reisen müssen, ist unbekannt. Jedenfalls steht in jener Torgauer Chronik von 1523, welcher unsere Daten entnommen sind, nichts dergleichen, vielmehr, daß Koppes Wagen unter der Plane leer war.

[15] WA TR 4, 503 f.

[16] In der römischen Kirche wird heute noch am 13. Juni jedes Jahres das Fest des heiligen Antonius von Padua begangen, zudem fiel 1525 der 13. Juni auch noch auf einen Dienstag, das heißt den Wochentag, der ebenfalls unter dem Schutze des St. Antonius von Padua stand. Da dieser als Schutzpatron der Ehe gilt, wird man wohl vermuten dürfen, daß Luther nicht von ungefähr eben diesen Tag für seine Hochzeit gewählt hat.

[17] Joachim Camerarius (1500—1574) war ein führender Vertreter des protestantischen Humanismus, ein Freund Melanchthons und ebenfalls Reformator, der nach 1539 die Leipziger Universität neuorganisiert hat.

[18] WA Br 3, 533, 7—9.

[19] WA Br 3, 522, 15—18.

[20] WA Br 3, 531, 6—12.

[21] Zitiert bei Köstlin—Kawerau: Martin Luther. Sein Leben und seine Schriften. Berlin ^{5}1903, Bd. 2. S. 481.

[22] Zitiert bei Köstlin—Kawerau 1903, Bd 2, S. 489.

[23] WA TR 4, 504, 22—24.

[24] Es grüßt dich mein Herr Käthe, welche die Fuhren fährt, den Acker bestellt, das Vieh weidet und handelt, das Bier braut usw. Dazu hat sie sich noch an die Bibel gemacht, da ich ihr 50 Gulden versprach, wenn sie diese bis vor Ostern durchgelesen hat... Sie ist schon bei 5. Mose. WA Br 7, 316, 14 — 317, 17. (Brief Luthers an Justus Jonas vom 28. Oktober 1535).

[25] Zitiert bei K. E. Förstemann: D. Martin Luthers Testamente... 1846, S. 16

[26] WA TR 3, 90, 8—12.

[27] Joh. Friedrich Mayer: Ehrengedächtnis der Katherina Lutherin, S. 99.

[28] Vgl. WA Br 9, 582.

[29] Vgl. WA TR 3, 84, 7—10.

[30] Zu einem solchen kam es i. J. 1564, als die Nachkommen Luthers das ihnen lästig gewordene Gut um einen Preis von 3700 Gulden an Kurfürst August I. von Sachsen verkauften, welcher es nunmehr, in „Collegium Augusteum" umbenannt, der Universität zur Verfügung stellte.

[31] „um die neue Königin in ihr Königreich einzusetzen". Zu den angeführten Briefen vgl. WA Br 9, 174, 205 und 267.

[32] WA Br 11, 149, 7—12.

[33] Laut Vereinbarung war die erste Rate zu Pfingsten 1543 fällig.

[34] Vgl. WA Br 9, 576—578.

[35] Der Schmalkaldische Krieg brach erst nach Luthers Tode aus. Das Klosterhaus blieb aber uneingeschränktes Eigentum der Söhne Luthers, länger sogar als das Haus Bruno, welches sie 1557 für 300 Taler verkauften.

[36] *Die Vierzehn*, von Spalatin im gleichen Jahr noch ins Deutsche übersetzt, erschien in beiden Sprachen, d. h. deutsch und lateinisch, Anfang 1520 auch im Druck und wurde sogar von Gegnern Luthers, wie etwa von Erasmus, eifrig gelesen und gelobt.

[37] Johannes Agricola (um 1499—1566) aus Eisleben, leitete dort seit 1525 die von Graf Albrecht von Mansfeld gegründete Schule, 1536 in Wittenberg, 1540 Hofprediger in Berlin. Mitverfasser des Augsburger Interims. Er war in die antinomistischen Streitigkeiten mit den Wittenberger Theologen verwickelt.
[38] Vgl. WA Br 8, 49, 2—5; 50, 20 f.
[39] WA Br 8, 51, 16 f. und 20—22.
[40] Hiernach befehle ich meine Seele in die Hände des Vaters und meines Herrn Jesu Christi, den ich gepredigt und auf Erden bekannt habe. Das „erste Testament“: WA Br 8, 55 f.; der Schlußsatz: 56, 35 f.
[41] Martin Bucer (1491—1551), einstiger Dominikanermönch, seit 1523 evangelischer Prediger in Straßburg, vermittelte im Abendmahlstreit zwischen Luther und den Schweizer Reformatoren.
[42] Vgl. WA Br 8, 59, 4—6.
[43] WA TR 4, 631 Nr. 5041, 11–14.
[44] Im 13. Jahrhundert vom rechtsgelehrten Ritter Eike von Repkow verfaßtes ältestes und einflußreichstes Rechtsbuch des deutschen Mittelalters.
[45] Zitiert bei Richter, Genealogia Lutherorum, S. 375, sowie WA BR 9, 571.
[46] Gemeint ist einer seiner Famuli, Wolf Sieberger.
[47] Schwiegermütter und Schwiegertöchter sind selten eins.
[48] WA Br 9, 575, 2—4.
[49] Vgl. WA Br 9, 575, 10–20.
[50] „Aus der verkauften Büchersammlung des J. B. Carpzov zu Helmstedt ersteigert von N. Jank für 40 Goldgulden im Jahre 1804.“
[51] Auf der Ostseite der Donau, gegenüber von Buda (Ofen) liegender, bis 1872 selbständiger Stadtteil des heutigen Budapest.
[52] Die *Bibliotheca Corviniana* war die Handschriftensammlung des ungarischen Renaissancekönigs Matthias I. Corvinus (1458–1490), die Anfang des 16. Jahrhunderts zum größten Teil in alle Welt zerstreut wurde.
[53] Ferenc Kazinczy (1759—1831), Dichter, Spracherneuerer und Gründer der ersten ungarischen Zeitschrift „Magyar Múzeum“ (1788).
[54] Lajos Kossuth (1802—1894), Rechtsanwalt, Haupt der liberalen Opposition im ungarischen Landtag 1847/48, Führer der ungarischen Unabhängigkeitsbewegung von 1848/49, nach der Thronentsetzung der Habsburger im April 1849 für etwa vier Monate Reichsverweser Ungarns.
[55] Burkhardt, C. A. H.: Dr. Martin Luther's Briefwechsel. Leipzig 1866, S. 405.
[56] Doleschall 1881, S. 1.
[57] Doleschall 1881, S. 27–28.
[58] Luther an Kurfürst Johann Friedrich. Er dankt für eine ihm mitgeteilte Nachricht (wohl von den afrikanischen Siegen des Kaisers), scherzt über die Übertreibungen und Schwarzseherei der Wittenberger Pestnachrichten und bittet seinen Kurfürsten um etwas Wildbret für einen Doktorschmaus (Vgl. WA Br 7, 222 f.).
[59] Offenbar hatte der Direktor des Nationalmuseums Ferenc Pulszky das Original dem Komitee zur Verfügung gestellt, um dessen Arbeit zu erleichtern, da ja eine Handschrift aus den späteren Jahren des Reformators zum Vergleich besser geeignet und daher auch beweiskräftiger als die aus früherer Zeit sein konnte. Später wurde dieser Brief aus dem Nationalmuseum in die Széchényi-

Landesbibliothek und aus dieser wiederum in das Ungarische Landesarchiv übergeführt, wo er schließlich während des Zweiten Weltkrieges einem Bombenangriff zum Opfer fiel.

[60] Doleschall 1881, S. 2.

[61] Doleschall 1881, S. 3.

[62] Ungarisch in: *Pesti Hírlap,* 1879. IX. 28., Beilage: Győry, Vilmos: „Luther Márton saját kezűleg írt eredeti végrendelete" – später auch deutsch in: *Ungarische Revue,* 1881. Pál Hunfalvy: „Luthers Testament in Ungarn", S. 537—542.

[63] Doleschall 1881, S. 4.

[64] Doleschall 1881, S. 4 f.

[65] Literarische Beilage zur Allgemeinen Evang.-Luth. Kirchenzeitung 11 (1879), Nr. 44. Zitiert bei Doleschall 1881, S. 5.

[66] Zitiert bei Doleschall 1881, S. 7.

[67] Zitiert bei Doleschall 1881, S. 6 f.

[68] Doleschall 1881, S. 6 f.

[69] Offenbar wollte der Generalinspektor Baron Radvánszky sich den Weg zu genaueren Einzelheiten dieses immerhin überraschenden Projekts nicht abschneiden, was aber der Fall gewesen wäre, hätte er sich ganz offen geäußert.

[70] Diese Summe entsprach dem Wert von etwa 25—50 Tonnen Weizen.

[71] Am 4. November 1940 hatte Thulin sein „Elaborat" fertig und überbrachte es in Trenkwalds Begleitung Bormann.

[72] „Das von Martin Luther im Jahre 1542 geschriebene Testament befindet sich seit dem Jahre 1815 im Besitz der ungarländischen Evangelischen (lutherischen) Kirche und z. Zt. in deren Archiv in Budapest. Die Ungarn betrachten diese Handschrift ... mit Recht als einen kostbaren Besitz, da sie dem deutschen Reformator, der auch ihr Reformator ist, eine tiefe Verehrung entgegenbringen... Mehrfach war ich in den letzten zwei Jahren als Gast der ungarländischen Evangelischen Kirche in Budapest, um als Gutachter – als einziger Nichtungar — bei den Vorarbeiten für das in Budapest geplante Lutherdenkmal mitzuwirken. Ich hatte dabei auch des öfteren Gelegenheit, mir das Testament, dessen Echtheit absolut feststeht, anzusehen und mit den leitenden Herren über die eventuelle Möglichkeit einer Überführung in die Lutherhalle zu sprechen. Die Lutherverehrung der ungarischen lutherischen Kirche ist so stark, daß die Herren sich von diesem kostbaren Schatz... nur unter einer Bedingung trennen würden: daß nämlich die Handschrift in die Wittenberger Lutherhalle kommt. Natürlich hat die Ungarische Kirche den berechtigten Wunsch, daß sie in einem solchen Falle eine wertvolle Gegengabe erhält, d. h. eine größere Summe, die es ihr möglich macht, z. B. ein größeres Studentenheim... zu bauen. Für einen solchen Gegenstand wie das Luthertestament gibt es natürlich keinen Marktwert. Wenn man sich der Geschichte des berühmten Lutherbriefes an Kaiser Karl V. aus dem Jahre 1521 erinnert, den der Amerikaner Pierpont Morgan für RM 112 000 i. J. 1912 kaufte, um ihn dem deutschen Kaiser zu schenken, der ihn dann der Lutherhalle als Geschenk überreichte, dann hätte man eine vergleichsweise in Frage kommende Summe. Im Blick auf die Verwirklichung eines solchen Planes ist die gegenwärtige Stunde psychologisch günstig. Als vor zwei Jahren die ... Kirche den Plan faßte, ein Lutherdenkmal ... zu errichten, zeigte es sich, daß die Verehrung und Begeisterung für den

Reformator über die Maßen groß war. In knapp vier Wochen kamen aus allen Kreisen ... durch zahllose Spenden 100 000 Pengő zusammen... An 80 ungarische Künstler beteiligten sich an dem Preisausschreiben ... Diese für Deutschland kultur- und außenpolitisch bedeutsame Tatsache wird eine Krönung bei der Einweihung des Denkmals finden. Es würde bestimmt sehr eindrücklich sein für die Vertiefung der Freundschaft der beiden Völker, wenn es gelänge, die weitere große Geste der Lutherverehrung in Gestalt der Überreichung des Luthertestaments an die Lutherhalle entsprechend zu würdigen, d. h. gleichzeitig zur Ausführung zu bringen durch eine entsprechende wertvolle Gegengabe in Gestalt einer größeren Summe. Falls der Führer selbst eine Anteilnahme daran... bekunden würde, so würde dies sicher in der weitesten ungarischen Öffentlichkeit außerordentlich eindrucksvoll sein, zumal zur ungarländischen lutherischen Kirche sehr maßgebende Kreise Ungarns gehören und der Generalinspektor (erster Leiter) dieser Kirche der Vizepräsident des Oberhauses ist (Baron Radvansky) ..."

[73] Ebenfalls Roth in gleicher Sache am 2. 5.: „Herr v. Trenkwald hat uns um eine Vollmacht zu weiteren Verhandlungen und Nachforschungen gebeten... Ich wäre Ihnen daher, ehe ich Herrn v. Trenkwald eine Antwort erteile, für eine Äußerung darüber dankbar ..." und am 11. 6.: „Ich sehe indeß keinen Anlaß, Herrn von Trenkwald an seiner Betätigung zu hindern. Ich bin jedoch überrascht, aus Ihrem mir übersandten Bericht an den Herrn Reichsminister für die kirchlichen Angelegenheiten zu entnehmen, daß an eine finanzielle Entschädigung für Herrn von Trenkwald gedacht ist. Haben Sie Anhaltspunkte dafür, daß er eine solche Entschädigung erwartet oder sogar ein finanzielles Interesse an der Angelegenheit hat? Für Ihre Zusage, mich weiter auf dem Laufenden zu halten, bin ich Ihnen sehr dankbar ..."

Druckerei:
Betriebsteil Dürer
der Druckerei Kner, Békéscsaba